〈シナリオ〉形式による保健の授業

近藤真庸

大修館書店

〈シナリオ〉形式による保健の授業

はしがき
〈シナリオ〉形式で，保健授業づくりの腕を鍛えよう！

　保健授業づくり研究において，授業記録を公表することの最大の意義は，追試への意欲と見通しを喚起させることにある，と私は考えています。
　たしかに，これまで雑誌等に公表されている保健の授業記録はけっして少なくありません。にもかかわらず，読者はもとより教材作成者でさえ，追試を重ねてバージョンアップをはかっていくという気風は育っていないようです。
　なぜ，追試がおこなわれないのでしょうか？
　教材そのものの魅力のなさが主たる原因であることは間違いありません。しかし，原因はそれだけではなさそうです。端的に言えば，雑誌等に公表される保健の授業記録の大半が，そのままではおよそ追試が不可能と思えるほど，不親切なものだからではないでしょうか。
　「追試可能性」という観点からみた授業記録のイメージを，私は次のように考えています。

> 追試のための〈シナリオ〉

〈シナリオ〉の要件は，次の３点です。

> ①子どもの反応，授業場面での教師側の行為（掲示物・板書も含む）がその手順もふくめて明示されている。
> ②とくに，骨格となるべき「発問」「指示」は罫線で囲むなど，子どもとのやりとりのなかでの「教師の発言」と区別できるようにしておく。
> ③「発問」「指示」の言葉はもとより，説明についても，実際の授業で子どもに語りかけるそのままの言葉で記述する。

　つまり，授業の事実を下敷にした「フィクションとしての授業記録」を作成

するのです。

　しかし，〈シナリオ〉がどんなに完成度の高いものであったとしても，表現力の乏しい教師によって行われる授業は，退屈なものとならざるをえません。

　一方，声の調子や動きといった，教師のちょっとした"脚色"が，その内面から表出される感情とあいまって子どもの心を揺さぶり，授業の世界へグイグイと子どもを引きずり込んでいくこともあります。

　このことは，実際の授業場面における一瞬一瞬においては，〈シナリオ〉では手の届かない，もっぱら"役者"である教師の裁量に委ねられる範囲があることを示唆しています。

　しかし，それもひとたび"演じ"られ，授業研究として対象化された時点で，個々の教師の裁量による"演技"といった性格は消え去り，〈シナリオ〉に記されることによって，分かち伝えるべき知見として共有財産への道を歩みはじめることになります。

　すなわち，〈シナリオ〉という形式で，文字としてあるいは静止画像として対象化された，先行実践者を務めた無数の教師の多様な個性は，〈シナリオ〉を媒介として後続実践者の力量形成に寄与するのです。

　このとき教師は，授業という無形の文化財の継承者として私たちの前にたち現れることになります。〈シナリオ〉の充実は，教師の力量形成を保障することになっていくにちがいありません。

　本書で取り上げた〈シナリオ〉はいずれも，ここ10数年間，私たちの研究会（「火曜研」）で追試を重ねバージョンアップをはかってきた作品です。まさに無数の教師による「共有財産」です。

　模倣から創造へ。まずは〈シナリオ〉の追試からスタートしてみてください。

　〈シナリオ〉形式の保健授業で，授業づくりの腕を鍛えてください。

　なお，初出と原題は節ごとに記しておきましたが，本書への転載を快く許可された出版社ならびに編集者各位に対して，この場を借りてお礼申し上げます。

　2000年　初夏

近藤　真庸

●目次

はしがき
〈シナリオ〉形式で，保健授業づくりの腕を鍛えよう！──2

第1章 〈シナリオ〉形式による子どもの瞳が輝く保健指導12のアイディア──7

①心臓はきょうも元気だ！──9
　　─ピクピク止まらない…体重計の針の"秘密"

②あれっ!?　前と後ろがわかんないよー──13
　　─「目隠し鬼ごっこ」で耳のはたらきを学ぼう

③だから"まぶた"って言うんだね──17
　　─眼科検診まえの「目の学習」

④食品添加物の"王様"を探せ！──21

⑤"すっきりウンチ"を出す秘訣──25

⑥かぜなんかに負けないぞ！──29

⑦こんなものいらない！──33
　　─わたしたちの，台所ゴミ"減量"作戦

⑧暮らしの中の"安全マーク"大集合！──37

⑨クスリのリスク──43
　　─知ってますか？薬の正しい用い方

⑩"心"についての「とっておきの話」──49

⑪ストップ！Ｏ157──53

⑫恋の三十一文字──59
　　─「百人一首」型ゲームで"思春期の恋"を体験しよう！

第2章 〈シナリオ〉形式による保健授業プラン ―― 63

①われら学校安全パトロール隊（小5）―― 65

②"交通事故のない街"を創る（小5）―― 71

③"バリアフリー"社会を創る（小6）―― 85

④短歌で学ぶ，思春期の"恋心"（中2）―― 95

⑤ゾウさんは，汗っかき!?（中2）―― 107

⑥新・なーるほど・ザ・ホスピタル（中3）―― 113

⑦健康の考え方（高校）―― 121

⑧自己実現（高校）―― 137

⑨ライフステージと健康（高校）―― 149

第3章 新学習指導要領時代の保健授業を創る ―― 159

①新学習指導要領を検討する ―― 161
　　―授業論の立場から

②課題学習「脳死・臓器移植」問題をとおして，〈意思決定〉を考える ―― 167

③総合学習「いま，10歳」の構想とその意義 ―― 173

付録1 「〈シナリオ〉出会い"思春期のからだ"」 ―― 184

付録2 「〈演出ノート〉出会い"思春期のからだ"」 ―― 202

あとがき ―― 209

第 1 章
〈シナリオ〉形式による
子どもの瞳が輝く保健指導
12のアイディア

①心臓はきょうも元気だ！
　　　　――ピクピク止まらない…体重計の針の"秘密"――
②あれっ!?　前と後ろがわかんないよー
　　　　――「目隠し鬼ごっこ」で耳のはたらきを学ぼう――
③だから"まぶた"って言うんだね
　　　　――眼科検診まえの「目の学習」――
④食品添加物の"王様"を探せ！
⑤"すっきりウンチ"を出す秘訣
⑥かぜなんかに負けないぞ！
⑦こんなものいらない！
　　　　――わたしたちの，台所ゴミ"減量"作戦――
⑧暮らしの中の"安全マーク"大集合！
⑨クスリのリスク
　　　　――知ってますか？薬の正しい用い方――
⑩"心"についての「とっておきの話」
⑪ストップ！　O157
⑫恋の三十一文字
　　　　――「百人一首」型ゲームで"思春期の恋"を体験しよう！――

この章では，学級でできる保健指導プラン12本を〈シナリオ〉形式で紹介してみました。テーマは，目，耳，心臓といった「からだの学習」のほか，かぜやO157の「病気の予防」，食品添加物や医薬品とのつきあい方，ゴミ，安全，生活習慣，さらには「心の問題」や「男女交際」に至るまで，幅広く取り上げています。

　また，パズルあり，歌あり，カルタありというように，指導方法にバリエーションをもたせたことも，特徴のひとつといえるでしょう。

　本章のタイトルである〈子どもの瞳が輝く〉を，私が保健指導プランづくりのコンセプトとしてはじめて採用したのは，いまから10年前。養護教諭の専門誌「健」への連載（1989年4月号～1990年3月号）でした。「かぜなんかに負けないぞ！」（第6節）という楽曲が誕生したのも，この連載がきっかけでした。

　それまでも，保健指導に歌を活用する試みがなかったわけではありませんが，アニメの主題歌など既製の曲に歌詞をつけるという「替え歌」的発想にとどまっていただけに，プロの作曲家と共同で制作したオリジナル健康ソング「かぜなんかに負けないぞ」（詞・近藤真庸，曲・こんどうひろあき）の登場は，教育現場で大いに歓迎されました。校内放送，歯磨きタイム，保健集会などで活用されるようになっていったのです。養護教諭はじめ現場の先生から寄せられた歌詞に曲をつけたオリジナル健康ソングは，その後，『おもしろ健康百歌』（徳間ジャパンコミュニケーションズ）としてCDアルバム化され，すでに9集（全82曲）を数えるに至っています。

　こうした試みを含め，以下に紹介する保健指導プランはいずれも，〈どうしたら，子どもが瞳を輝かせながら保健を学んでくれるか〉を模索して追試を重ねてきた，私と研究会（「火曜研」）の仲間の10数年間におよぶ実践的研究の成果です。机上のプランではありません。

　舞台は，小学校の教室。担任のタカアキ先生（5年生），ヤスヒコ先生（4年生），ヨシコ先生（2年生），そして養護のアキコ先生が子どもたちと共に繰り広げた学級での保健文化活動の〈シナリオ〉です。

　ぜひ追試をしてみてください。

① 心臓はきょうも元気だ！

ピクピク止まらない……体重計の針の"秘密"

「故障かな……？」「それとも、のり方が悪いのかな？」

　針が……、体重計の針がどうしても止まりません。だから、目盛りが正確に読みとれないのです。

　体重測定は、まだ始まったばかり。子どもたちはクラスごとに次から次へとやって来ます。健康診断の項目は、もちろんこれだけではありません。「テキパキやらないと」。イライラしてきた養護のアキコ先生、体重計にのっている子どもに、ついに次のような指示をしたのです。

「息を止めなさい！」

> 「体重計の針」の"動き"を完全に止めて正確に目盛りを読むには、どうしたらよいのでしょう。

　のり方が悪いからではありません。「心臓のしわざ」なのです。

　針の揺れ幅は、約500グラム。

　心臓が全身へ血を送り出すとき、その力が体重計に伝わって"針に振幅が生ずる"からです。この現象を「バリストカルジオグラム」といいます。

　体重計の針は、死ぬまで止まらない！

　心臓の働きを視覚でとらえさせるための保健指導プランです。

★初出（原題のまま）は、住田実・編『わくわく保健指導１年間』（1992年, 日本書籍）

◇シナリオ

　5年2組の教室は，騒然としています。
「念力だわ！」
「超能力かしら？」
　というのも，タカアキ先生の"号令"に合わせて，体重計の針がピクピク動きはじめたからです。
　それは，4月に入ってまだ間もない，朝の会のできごとでした。
　ガラッと教室の戸があくと，タカアキ先生がビニール袋をかぶせたちょうど5年生の身長くらいある"物体"を転がしてくるではありませんか。

T　これ，なーんだ？
C　エーッ!?

　先生が乗ってみます。だたし，2秒間だけです。近くへ寄ってきて，目盛りをすばやく読み取るんだよ。
　イーチ，ニー，はい，針は，何kgをさしていましたか？

C　針が揺れてて，よくわかんなかった。

C 70kgのあたりを行ったり来たりしてた。
C 先生，もう一度だけ静かに乗ってみて。2秒間じゃなくて，針がとまるまで……。

> 針が揺れてたら，たしかに読みとりにくいね。こんどはみんなにやってもらうことにします。何秒間で針をとめることができるかな？

C 「3秒」「5秒」「8秒」「10秒」。
　「3秒」と答えたのは，みのる君です。
T みのる君。3秒で針を止めるコツを，先生だけにそっと教えてください。

> では，体重計に乗ってみてください。うまくいくかな？

　みのる君は，体重計の前に立つと，スーッと深呼吸をはじめました。どうやら，"息をとめる"ことを考えついたようです。目も閉じています。
　イーチ，ニーイ，サーン，シー，……どうも，3秒間ではとまりそうにありません。
　まこと君の手があがりました。

C ぼくが，とめてみせます。"息をとめる"だけでなく，目

心臓はきょうも元気だ！——11

はしっかりと正面をみつめ，靴下は脱いでハダシになります。
T　どうして，そう思ったの？
C　精神を集中させることが，何よりも大切なのです。それから，安定感。やっぱり，ハダシが最高です。

　まこと君，大変な自信です。「なるほど」と，うなずいている子も少なくありません。
　いよいよ，実験です。
　そのとき，タカアキ先生がこんなことを言い出しました。

先生は，こうして，まこと君の手首のところに指をふれます。
そして，アイマスクをして"号令"をかけます。
針がどんなふうに動くか，よく見ていてください。

　静まりかえる教室。子どもたちは，じっと体重計の針を見つめています。
T　イーチ，ニー，サン，シーイ，ゴー，ロークー，……。

「気持ちワルー!?」——誰からともなく，こんな声があがりました。
　針の揺れはおさまるどころか，先生の"号令"にあわせるかのように動きはじめたからです。もちろん，念力でも，超能力でもありません。
　"号令"は脈拍。心臓が血液を送り出すときの振動が，体重計の針にちょっとした"いたずら"をしていた，というわけです。
　生きているかぎり，体重計の針も"号令"にあわせて，きっといつまでも動きつづけることでしょう。

　心臓は，きょうも元気だ！

② あれっ!? 前と後ろがわかんないよー

「目かくし鬼ごっこ」で耳のはたらきを学ぼう

　顔の横に2つ付いていて，私たちが「耳」と呼んでいる器官の正式名称を知っていますか？　「耳介」といいます。もちろん"飾り"ではありません。

　本節では，簡単な実験を通して「耳介」のもつ意外な役割に迫っていきます。

　用意するものは，アイマスク1つとラップの筒2本だけ（写真参照）。

　図を見てください。真正面からくる音は，左右の耳に同時に届きます（図1）。

　では，真後ろからくる音の場合はどうでしょう（図2）。

　もちろん，この場合も，左右の耳に同時に届きます。

　だったら，目を閉じていたら区別がつかないじゃないか？

　心配ご無用！　真正面からと真後ろからでは耳に入るときの音色が微妙に変わるのです。聞き分けられるように学習することで，暗闇でも前後の音を区別できるのです。

　その秘密は，「耳介」のあの形にあるのです。

図1　正面からくる音　　図2　真後ろからくる音

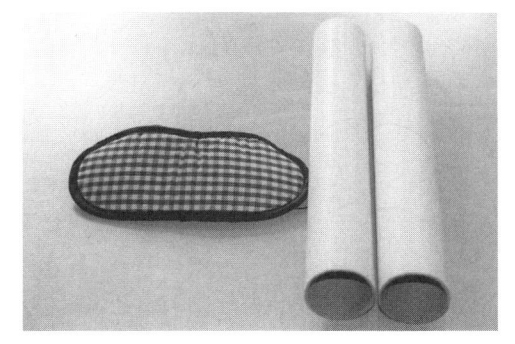

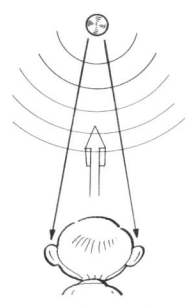

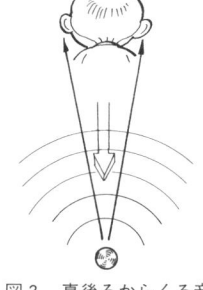

★初出（原題のまま）は，住田実・編『わくわく保健指導1年間』（1992年，日本書籍）

◇シナリオ

T　きょうは，3月3日。何の日か，知ってるね。
C　ハーイ！
T　よろしい。それでは，これから"目かくし鬼ごっこ"をはじめることにしよう。
C　　エーッ!?　タカアキ先生。それ，ジョークでしょう？
C　"鬼は外，福は内"は，2月3日だよ。
C　先生，大丈夫？　しっかりしてよ。日本全国，きょうは，ひ・な・ま・つ・り，だよね，みんな！
C　そうだよ。
C　きまってんじゃん。
T　まあまあ，いいから，いいから，やろうよ，"目かくし鬼ごっこ"。

　机をすべて教室の後ろに寄せ，その前に，みんなで円を描くように輪になって立っています。タカアキ先生は，紙袋のなかから，おもむろに"小道具"を取り出しました。
　さて，さて，なかからでてきたものは？

T　きょう誕生日の子が1人います。
C　誰かしら？
T　めぐみちゃんです！
C　おめでとう，メグ！
T　めぐみちゃん，まんなかに出てきてくれるかな。

> ルールを説明します。
> めぐみちゃんには，いまからこのアイマスクをしてもらいます。

　アイマスクをしたメグちゃんは，ちょっと心細そうな様子です。
　タカアキ先生は，説明を続けます。

> まず，場所の入れ替えを15秒間で静かにおこなってください。
> できましたね。
> 先生が誰かを指さします。そうしたら，当てられた人はすぐに「メグ」とか「メグちゃん」と声をかけてあげてください。
> めぐみちゃんは，声が聞こえた方向にすばやくからだを向けます。6回やります。何回くらい正解できるかな？

　実験がスタートしました。
「メグ」(左→左)「メグちゃん」(右→右)「めぐみ」(後→後)
「メグさん」(前→前)「めぐみちゃん」(後→後)「メグ」(前→前)

　思わず，大きな拍手がおこりました。なんと，6回ともほぼ正確に，声が聞こえてくる方向を聞き分けられたからです。

T　めぐみちゃん，アイマスクをはずすのは，もう少し待ってね。
　実は，これからが"本番"なのです。

> ラップの筒を2本用意しました。こんどは，この筒に両方の耳を全部入れてもらいます。筒は，手で支えてください。もちろん，アイマスクはつけたままです。
> さっきと同じように，6回やります。先生が指をさしたら，声をかけてください。
> みんなに質問です。こんどはどうなるでしょう？

C　別に変わらないんじゃない。
C　筒をつけると，メガホンみたいになって，さっきよりもよく聞き取れるかもしれない。

　実験の再開です。

「めぐみさん」(右→右)「メグ」(左→左)「メグちゃん」(前→右)
　思わず「エーッ！」という声がもれました。
「めぐみさん」(後→前)「メグさん」(前→後)「メグ」(後→左)

　どうも，前と後ろの区別がつけづらそうです。
　もう一度，めぐみちゃん"ご指名"のたけし君にも試してもらったのですが……，やはり，結果は同じでした。
　"犯人"は，もちろん「筒」です。耳介（耳の外のデッパリ）がないのと同じ状態になってしまったからです。

T　耳介をよくみると，レーダーのように少し開いたような形で顔にくっついているだろう。このわずかな角度のおかげで，真夜中でも前後の音を聞き分けることができるようになっているんだ。
　　きょう3月3日は「耳（ミミ）の日」でもあるんだよ。

③ だから，"まぶた"って言うんだね

眼科検診まえの「目の学習」

　定期健康診断が始まると，順番がやってきて，しばしば授業は中断。4月，5月は何となく落ち着かない季節のようです。低学年の子どもにとっては，緊張と不安の毎日。白衣を来た見慣れない先生とたった一人で対面し，からだに触れられるわけですから。なんたって相手はお医者さんなのです。「痛いことしないかなあ」と，子どもは不安でいっぱいなはずです。

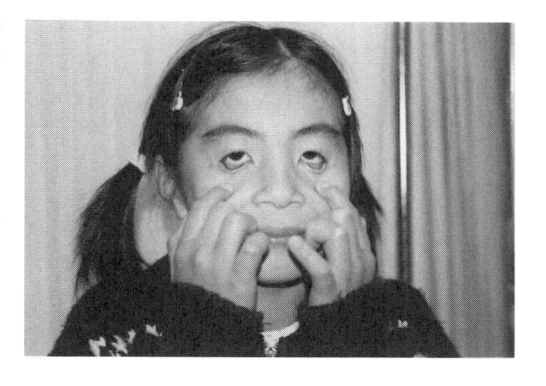

　そんなときこそ，「からだの学習」です。

　ここでは，眼科検診を例に，事前指導としての「目の学習」の〈シナリオ〉を紹介します。

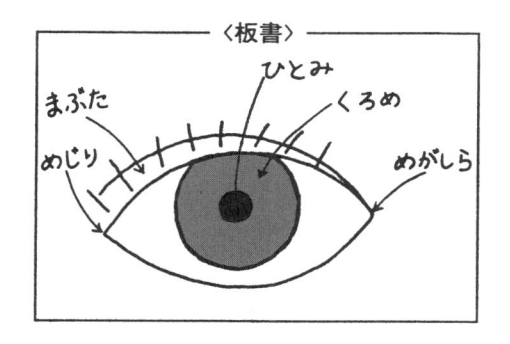

　舞台は2年1組の教室。坂入博子さんの著書『小学生——体づくりが心づくり』（農文協，1984年）のなかに収められていた実践記録からヒントをもらったヨシコ先生は，早速，朝の会で子どもたちの目を見つめながら語りはじめました。

★初出（原題のまま）は，住田実・編『わくわく保健指導1年間』（1992年，日本書籍）

◇シナリオ

　　きょうは，眼科の検診日。
「どんなことをやるんだろう？」「痛いことしないだろうか？」
　　２年１組の子どもたちは，朝からそわそわ。落ちつきがありません。
「きっと不安なんだわ」
　　ヨシコ先生は，朝の会で，こんな話をすることにしました。

T　両手を，おへその上にあててごらん。あてられたかな？

　　じゃあ，静かに，ゆっくりと，両方の目を閉じていくよ。

T　みんな，じょうずに閉じられたね。
　　目は閉じたままだよ。静かに息をしながら，ヨシコ先生の話を聞いてね。

　　問題を出すよ。返事は，目を閉じたまま。静かに手をあげてね。
　　さっきね，みんなが目を閉じたとき，
　　　①目の上のほうが下がってきて目をつぶったのかな？
　　　②下のほうが上がってきて目が閉じたのかな？
　　　③それとも，両方からかな？

T　目は閉じたままで手を挙げてね。
　　上のほうが下がってきたと思う人？　下のほうが上がってきたと思う人？
　　両方からだと思う人？
T　実験をします。もう少しだから，目は閉じててね。

　　両手の人差し指を出してください。その指で，それぞれ左右の目の下のところを軽く押さえます。はい，そのまま，ゆっくりと目をあけてください。
　　できたかな？

「できた！」「わたしも……」。ホッとしたようです。

> こんどは，両目をいっしょに"あかんべえ"をしてください。"あかんべえ"をしたまま，目をつぶります。できるかな？

「できる！」「ぼくも，できた！」歓声があがりました。

> こんどは逆。目の上の方に人差し指をあてて，きつねさんのように上のほうに押し上げます。そうしたら，目をつぶってごらん。

「できないよー」。まみちゃんの悲しそうな声が聞こえます。
T　できないね。みんなもできないよね。先生もできません。
T　目をつぶるときは，上のほうから下がってきて目にふたをしてるんです。
　　だから，目のうえのことを「目のふち，目ふた」，言いにくいから「まぶた」といいます。

　ヨシコ先生は，目の輪郭を黒板にかき，「まぶた」と記入しました。

> 目のなかはどうなっているでしょう？
> さあ，お隣の席のおともだちと向かいあってください。お互いにのぞきあってごらん。

「くろめ」。目（板書）のなかはうすく黒でぬり，まんなかが少しあけてあります。

T　"くろめ"のなかはどうなっている？
C　くろめのなかに，もう１つ，"くろめ"があるよ！
T　よく見つけられたね。みんなも，みつけてごらん。
C　ほんとうだ！　くろめのなかに，もう１つ"くろめ"がある。

だから，"まぶた"って言うんだね——19

まんなかを黒くぬりつぶし,「ひとみ」と記入。

T　両手の人差し指を,もう一度だしてください。ヨシコ先生といっしょにやってね。いくよ！
T　ここが「めじり」です（板書）。
T　ここが「めがしら」（板書）。

「めがしら」のところに小さな穴があります。
お隣の席のお友だちと見せっこしてごらん。
見つかったら,静かに手をあげて待っていてください。

「先生,わかんない。どこ？」。うまく見つからないようです。
　ヨシコ先生は机間巡視をしながら,見つけるのを手伝っています。
「あった！」「見つかった,先生！」
　全員の手が上がっているのを確かめたあと,まとめの話にはいります。

T　その穴は,涙が出る穴です。目が乾かないように,ふだんも少しずつ涙は出ています。「ひとみ」を傷つけないように,涙で守ったり,ときどき目をつぶっては「まぶた」でふたをします。これを「まばたき」といいます。
　　きょうは,目のお医者さんがきて,みんなの目が病気にかかっていないかどうかをみてくれる日です。
　　さっきみたいに静かに息をしながら,こんどは大きな目をあけて,お医者さんの目をじっと見ることにしようね。できるかな？
C　ハーイ！

　3校時。2年生の眼科検診がはじまりました。
「1組の子たち,とってもじょうずに検診うけていたわよ」——養護のアキコ先生の話を聞いて,ホッと一息。ヨシコ先生,子どもたちのことが,ますますいとおしくなってきたようです。

④ 食品添加物の"王様"を探せ！

1．この指導プランのねらいを記しなさい。
2．ねらいを達成するために，どんな"仕掛け"が施されていたか？
3．あなたが担任だったら，このあと，どのような指導をしますか？

《解答例》
1．食品添加物に関する「表示」の存在に気づかせる。それを手がかりにして食品が見分けられることを知らせる。
2．①遠足のおやつがパズルのヒントとなるように仕掛けることによって，これまで"見えなかった"表示の存在におのずと目をむけさせるようにしている。②子どもがリターンマッチをやりたがるようにわざと"添加物の王様"を遠足のおやつに選んで持ってきた班に対してチャピオンベルトを贈って挑発することで，家庭に帰って再び"食品見分け"の作業に取り組ませるように仕向けている。③「お家の人に断って……」と強調することで，家庭をも巻き込み，添加物をめぐる本格的な学習を日常生活のレベルから出発させようとしている。
3．「変な物がたくさん入っている方がいいの？」という疑問を共通のテーマに，取材活動を通して答えを見つけさせる。例えば「食品添加物新聞」をつくらせ，それらを掲示板に貼って交流させる。家庭科の専科の先生の協力も得て，無添加ウインナーと"王様"との食べ較べ（試食会）もさせてみたい。

★初出（原題のまま）は，雑誌『教室ツーウエイ』（1996年8月号，9月号，明治図書）

◇シナリオ

> おやつの空き箱や袋は、ビニール袋に入れて持ち帰り、明日、学校へ持ってきてください。

　4年2組の担任のヤスヒコ先生は、遠足の昼食時にこんな指示を出すことを忘れませんでした。このとき、ヤスヒコ先生の頭の中では、明日の1時限目にある学活（保健指導）の構想がすでに固まっていたのです。
　翌朝、子どもたちは遠足の"思い出"が詰まったビニール袋を机の上において待っています。
　教室に入るなり、「ゴミの勉強するの？」という子どもたちの声。無視してパズルが書かれた模造紙を黒板に貼ります。

> ○の中に1文字ずつ漢字を入れて、「一線上の○」がすべて、このウインナーソーセージにふくまれているものにしてもらいます。
> まず、先生が7個だけ貼っていきます。いっしょに読んでください。

〔パズルを完成させながら、順に貼っていき、残り7個は黒板に貼る〕

> 　グループになります。リーダーは前に出てきて、これ（お菓子の缶の背に貼って作ったパズルのミニチュア。欄外の文字カードの裏にはマグネットが付けてある）を持っていってください。完成したら、リーダーは、先生のところにきてください。時間は3分。
>
> 乳・酸・発・着・料・保・止

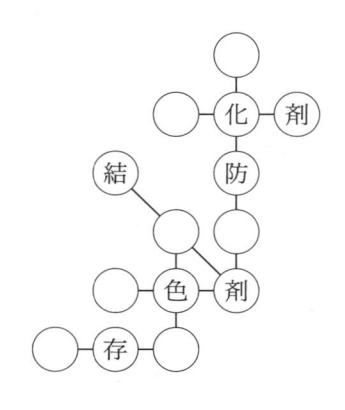

図1　パズル

子どもたちは，試行錯誤をくり返しているものの，とりつく島がない様子です。2分がすでに経過。

> 　中断して，おへそをこちらに向けて下さい。とっておきのヒントです。おやつの空き箱や袋に書いてある文字をよく見てください。答の文字が印刷してあるでしょう。残り，あと1分。

　一斉にビニール袋から空き箱や袋を取り出し，目を皿のようにして答を探しはじめました。
C　あった！　C　大きな声をだしたらダメ！　C　そんな文字ないよ!?
　リーダーがヤスヒコ先生のところにきて○をもらって帰っていきます。
T　止め！

> 　1班から順に1名ずつ黒板の前に出てきてください。1文字ずつ完成させていきます。

〔「乳化剤」「酸化防止剤」「着色料」「発色剤」「保存料」「結着剤」のカードを貼り，「添加（てんか）物」と板書〕
　ここまで約20分。

> 　おやつの空き箱や袋を，添加物の表示のある方を上にして，各自机に並べてください。並べ終わったら手を膝の上におきましょう。

　ヤスヒコ先生は，持ってくるのを忘れてしまった子がいることに気づいたようです。さっと近くにいき，同じグループの友だちに1枚ずつ貸してあげるように指示しました。

> 　添加物のネームシールを各班に各種類を10枚ずつ，全部で60枚配ります。表示をよくみて，同じものがあったら貼りつけます。
> 　"おかわり"は教卓の上においてあります。足らなくなったら取りにきて

食品添加物の"王様"を探せ！——23

> ください。始め！

　約15分間。ヤスヒコ先生は，机間指導でひとつひとつの質問にていねいに応対しています。なかには，難しい言葉を発見して尋ねてくる子どももいましたが，"照合作業"を先行させ，後であらためて質問するよう指導したようです。
　T　止め！

> 　何枚貼れましたか？　なかでも一番たくさんシールが貼ってある袋や箱を，各自手に持ってください。
> 　順番に聞いていきます。その枚数の人は立ち上がって，みんなに袋や箱を見せてあげてください。

〔0枚から順に聞く。4枚貼れたという子が1人。5班の子どもである。前に出てきてもらい，食品名と添加物を確認する〕
　ヤスヒコ先生は"添加物の王様"と記された特製チャンピオンベルトを机の下から取り出し，5班を表彰すると"宣告"します。
C　ズルイ。前もって言ってくれたら探してきたのに……。
C　先生，変な物がたくさん入っている方がいいの？

　　　教室騒然！　予想通りの展開です。

> 　宿題です。明日，リターンマッチをやります。家に帰って，シールをできるだけたくさん貼れるような食品を探し出して，その袋や箱だけ持ってきてください。
> 　約束。食品探検は，必ずお家の人に断ってからおこない，袋や箱も了解を得てから学校に持ってくること。
> 　ゴミは各自持ち帰ってください。

　こうして，ヤスヒコ先生の保健指導の時間は終わったのでした。

⑤ "すっきりウンチ"を出す秘訣

　健康なライフスタイルを確立させていこうとするとき，自分のからだで「試してみて」「なるほど，こうしたらできた。本当だ」という法則的な認識につながる体験を積み重ねてやることが重要です。その際のポイントは，
　①成果が具体的にイメージでき，かつ短期間で成果があらわれる。
　②「何をすればよいか」「何をしてはいけないか」の〈手段〉が明解である。
　たとえば，腹痛を訴えて保健室を訪れる子どもがいたとします。「今朝，ウンチはしてきたの？」とたずねます。そして，「3日くらい出ていない。そのせいでこんなふうにときどきお腹が痛くなるときがある」ことを本人から確認します。「実は先生も昔……」というわけで，体験的"スッキリうんち"論を展開。「これであなたは，1週間後に，"スッキリうんち"に出会えるはずです」と"予言"したあと，生活リズムに関わるもので，しかも親に頼らなくても自分の力でやり遂げられるものを"仮説"として提示します。「胃・直腸反射」という科学的原理に裏付けられたものであることはいうまでもありません。
「できそうなこと〈1つ〉を選んで，〈きょうから1週間〉続けてみない？」と誘いかけるのです。「やってみようかな」となったら，〈毎朝，保健室に立ち寄り報告すること〉を約束します。
　〈試して，なるほど！〉。1週間とはいえ，"実験"の継続は容易でありません。それを支え励ますのが，保健室であり，養護教諭の役割です。〈生活〉が動きはじめれば，〈からだ〉も変化します。「からだがシャキッとして，ここちよい！」。「なぜ？」の学習は，それからでも手遅れではないのです。

★書き下ろし

◇シナリオ

　養護のアキコ先生は，3年1組の教室へ入るや，いきなり「すっきりウンチ」と板書をはじめた。
C　イヤダー！　ウンチだって？

今日，学校に来る前にウンチをしてきた人？

　たくさんいるね。たろう君（手をあげなかった子）は，いつも，いつごろウンチするの？
C　きまってない。夜のときもあるし……。
T　学校でしたくなったことってない？
C　あるけど……。カッコ悪いから，学校では我慢する。
T　先生は，いつも学校に来る前に家でちゃんと出してくる。もちろん今日も……。先生の今日のウンチは……。〔バナナウンチのイラスト〕

バナナうんち 　　　　コロコロうんち

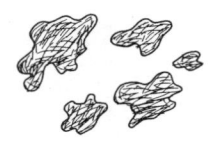

シャビシャビうんち 　　ニョロニョロうんち

> みんなのウンチは，どんなのかな？
> どんな色，どんな形，柔らかさはどうだろう？

T　今日，ウンチをしてきた人，どんなウンチだったか，黒板に絵を書いてみんなに教えて下さい。〔2～3人が発表〕
T　先生は，今までこんなたくさんの種類のウンチと出会いました。〔パネルを貼る〕

> ウンチにみんなで名前をつけよう！

〔パネルの下にウンチの名前を書いていく〕
　うんちの命名がすむと，アキコ先生は，それぞれのウンチの想い出をしみじみと語り始めた。そして，突然，とんでもない提案が先生の口から飛び出した。

T　食べたら，必ずウンチは出るよね。"かたかたウンチ"をするとお尻の穴も痛いし，ウンチをしにいくのも面倒だから，そうだ，みんな今日から，ウンチをするのをやめよう。お尻に"セン"をしちゃおう！
　今日から，ウンチ禁止!!。

> ウンチを出すのをやめると，どうなっちゃうだろう？

C　ウンチがたまる。爆発する。あふれる。食べられなくなる。
C　お腹痛くなっちゃうよ。
T　我慢すると，よけいにお腹が痛くなっちゃったりするね。痛くないウンチ，すっきりウンチ，出したいね。

> すっきりウンチしたいな。どうしたらできるかな？

T　先生ね，小学校の頃，学校でよくお腹が痛くなったんだ。朝，ウンチが出

なくて……。それでね，いろいろ，ウンチが出るやり方を試してみました。
　　そして先生は，ついに，4つの秘訣を発見したのです。
　　教えてほしい？
C　教えて！
T　では，このクラスのみんなにだけそっと教えてあげるね。〔順にパネルを貼り，全員で読む〕

- ・夜，9時過ぎたら夜食もお菓子も絶対に食べない。
- ・朝，家を出る60分前には起きる。（起きたら，コップ1杯の水を飲む）
- ・朝ご飯は，20分以上時間をかけて，しっかり食べる。
- ・朝，10分間はトイレで力む。

T　さあ，"すっきりウンチ"が本当に出るか，今日から，実験だよ。

　　この4つの中から，1つだけ，「自分はこれに挑戦するぞ！」っていうのを決めよう。決まったら，画用紙に書き写して下さい。

T　この画用紙は，家の中のよく見える場所に貼ってね。家族の人にも何をしているのかがわかるようにするんだよ。
　　すぐには，すっきりウンチは出ないかも知れない。でも，あきらめないで続ける。先生だって，やりはじめて10日くらいたって，ようやく出るようになったんだ。
　　とにかく，1週間続けてみよう。きっと会えるよ，"すっきりウンチ"に……。
　　先生，みんなの顔を見るたびに，「出た？」って聞くから教えてね。
　　出たら，「"すっきりウンチ"に会えたよ！」って，アキコ先生の耳元でそっと教えて！

⑥ かぜなんかに負けないぞ！

かぜなんかに　負けないぞ

作詞：近藤真庸　作曲・編曲：こんどうひろあき

かぜはウイルス　あなたをねらってる　ようじんからだを
まもるには　うがい　てあらいー
すいみん　かんき　ラララー
ラララー　かぜなんかに　まけないぞ

一、かぜは　ウィルス　あなたをねらってる
　　ようじん　からだを　まもるには
　　うがい　てあらい　すいみん　かんき
　　ラララ　ラララ　かぜなんかに　まけないぞ

二、くしゃみ　ずつうに　はなみず　はなづまり
　　のどいた　ひりひり　せきコンコン
　　ゆだんするなよ　こじらせちゃうぞ
　　ラララ　ラララ　かぜなんかに　まけないぞ

三、やっぱり　たいりょく　えいよう　うすぎ
　　ていこうりょくを　つけるんだ
　　かぜにまけない　じょうぶなからだ
　　ラララ　ラララ　かぜなんかに　まけないぞ

©1995 近藤真庸，こんどうひろあき，○・オーグメント

◇シナリオ

「先生，いまは保健の時間だよ。音楽はあした。やんなっちゃうな……」
　大声で叫んだのは，まこと君。
　それもそのはず。タカアキ先生が，突然オルガンでなにやら伴奏をはじめたからです。

「かぜなんかに　負けないぞ」というタイトルの楽譜が，みんなの手もとに配られました。

　　　　ラララ　ラララ　かぜなんかに　まけないぞ
　　　　ラララ　ラララ　かぜなんかに　まけないぞ

何度もくりかえすうちに，みんなすっかりおぼえてしまったようです。

　歌わないで，からだで表現します。"かぜは""ウィルス"……，というように，伴奏に合わせて一人ひとつずつやってもらいます。
　自分の順番がきたら，その場で立ち上がってください。そして，みんなの方を向いて，よくわかるようにからだだけで表現してください。自分の役がおわったら，すぐに着席してください。
　みんなは歌わないでいいから，友だちがどんなふうにやるかをよく見てようね。ただし，"ラララ　ラララ……"のフレーズだけは，みんないっしょに大きな声で歌うことにしましょう。

「エーッ!?」教室は大さわぎです。
「窓側，最前列のふとし君からいきます」というタカアキ先生の声も聞こえないほどです。

T　2分間あげます。どの役にあたっているか，確かめてください。

CDのカラオケで，イントロがながれはじめました。

《作曲者・近藤浩章さんのプロフィール》
　1953年生まれ。大学在学中から，いずみたく氏に師事。現在，CMディレクターとして，また作・編曲家としてもテレビ，映画，舞台で活躍中。『それいけ！アンパンマン』など，子ども向け番組の音楽も数多く手がけている。筆者（近藤真庸）の実兄。「かぜなんかに負けないぞ」は，CDアルバム「おもしろ健康百歌」（徳間ジャパンコミュニケーションズ）の第1巻に収められている。問い合わせは，（株）C・オーグメント（03－3466－9471）まで。

　"かぜは"（ふとし君）
　　"ウィルス"（めぐみさん）
　　　"あなたを"（まこと君）
　　　　"ねらってる"（よう子さん）
　　　"ようじん"（たけし君）
　　"からだを"（ゆりさん）
　"まもるには"（たけし君）
　　"うがい"（よし子さん）
　　　"てあらい"（つとむ君）
　　　　"すいみん"（あやさん）
　　　　　"かんき"（しんいち君）
（みんないっしょに！）"ラララ　ラララ　かぜなんかにまけないぞ"

　2番，3番と，子どもたちのパフォーマンスはつづきます。
　知らず知らずのうちに，「かぜ予防のための知恵」が子どもたちの頭のなかにインプットされたところで……。

　楽譜を裏返してください。パズルが書いてあります。「かぜなんかにま

けないぞ」の歌をうたいながらやると，ちゃんと解けますよ。

①かぜをひくと、こんな症状や、□□のいたみ、せ□もでますね。

```
   □な□まり
   な
くしゃ□
   □つう
```

②かぜにご用心！　う□る□から、からだを守るには。

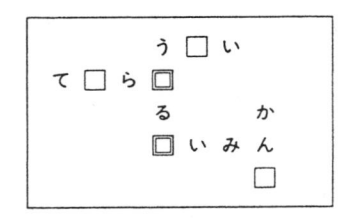

```
     う□い
  て□ら□
      る　か
     □いみん
     □
```

③ふだんから、かぜに対するて□こ□□□くをつけておこうね。

```
   て
 え□よ□
   こ　す
   □　ぎ
  □い□よく
   □
   く
```

④でも、もし、かぜをひいてしまったら、からだをあたため（保温）、こんなことに注意して生活しよう！１週間もすれば、すっかりよくなっているはずだからね。

```
   す
 え□よう
   ぶ
 あ□せ□
```

　３分経過，再び，イントロ伴奏がはじまりました。５年２組の教室に，「かぜなんかに　負けないぞ」の大合唱がこだまします。
「かぜなんかひかないで，みんな勉強や運動にがんばろうな！」
　タカアキ先生は心のなかで子どもたちにむかって，そう語りかけるのでした。

＊パズルの正解
　①のど，■き，は■づ■■，は■みず
　②■い■す，■が■，■あ■い，■い■す，■いみん，■■き
　③■い■うりょ■，■い■う，う■■，た■り■■
　④■い■ん，■い■■，■ん■い

⑦ こんなものいらない！
わたしたちの，台所ゴミ"減量"作戦

　かつては，カゴに盛られた野菜や果物は，古新聞でつくった紙袋でくるみ，買い物かごに入れて家まで運んだものです。それがいつの頃からでしょう。野菜や果物までが，トレイに入れられ，ラップで包装されて店頭に並べられ，ポリ袋で運ばれ始めたのは。そして，トレイは役割を終えるとゴミに……。

　最近では，ゴミ問題への関心がひろがり，それに押されてトレイの回収を始めたスーパーも現れています。しかし，まだまだ"便利さ"からでしょうか，ポリ袋とトレイは，相変わらず店頭をにぎわしています。

　ここで紹介する「台所ゴミ"減量"作戦」の〈シナリオ〉は，10年近く前に開発した作品です。まだまだ意義を失っていないようです。情けないことです。

　それだけに，21世紀の社会を担う子どもたちが，ゴミ減量のために，どんなアイディアを出してくれるか楽しみです。

★初出（原題のまま）は住田実・編『わくわく保健指導１年間』（1992年，日本書籍）

◇シナリオ

「おや？　タカアキ先生が，スーパーの袋に何か詰め込んでやってくるぞ！」
　窓から廊下をのぞいていたのは，まこと君です。情報は，またたく間にクラス中にひろがり，教室は騒然。
「今日も何か楽しいことがはじまりそうだな」――そんな予感のする，タカアキ学級の朝です。

T　これ，なーんだ？

　スーパーの袋は教卓の下にかくし，タカアキ先生は，突然，ポケットのなかから1枚のプラスチック・トレイを取り出しました。

C　コンビニなんかで，パックにして売るときにつかっているやつでしょう？
T　そう，正解。トレイといいます。プラスチックでできてるんだよ。

> 　スーパーやコンビニで買ってくるもので，トレイがついているものにはどんなものがあるかな？

　いつものように，列指名がはじまります。

C　おさしみ
C　肉
C　ウィンナー・ソーセージ
C　さかな

　子どもたちがあげてくれたのは，ほとんどが"なまもの"。そこで，教卓の下から，中身の詰まったスーパーの袋を取り出します。

T　近所のスーパーで買ってきた"食べ物"が入っています。11種類ありま

す。 いずれも，トレイがついています。袋の中身を当ててごらん。

各グループから1人，前に出てきてください。手を入れてさわらせてあげます。ただし，1人10秒間。アイ・マスクで目かくしをしてだよ。

C エーッ!? 気持ちワルーイ。
C なんか，固いものみたい。
T はい，席にもどっていいよ。グループのみんなに，「こんなものがありそうだよ」とういうのを教えてあげてください。

1班から順に，「こんなものがあったよ」というのを1つずつ答えてもらいます。

C にんじん
T ピンポーン！〔正解の場合，その都度，実物を提示する〕
C トマト　　　C レモン　　　C しめじ　　　C しいたけ
C れんこん　　C さつまいも
T 全部，正解です。　C ヤッター！
T その他に，キーウイ，さやえんどう，おくら，さやいんげん。

みんなのおうちでは，中身を出した後，トレイはどうしてる？

C ゴミ容器に捨てちゃう。
C わたしのお母さんも，いつもゴミ容器にポイ……。
T お店のご主人に質問したら，トレイが，なんと1枚あたり3円。つまり，トレイ8枚だと24円になります。

> トレイ1枚＝3円

C エーッ!? もったいない。　　　C こづかいにしたい！

> 　宿題です。明日の朝，家で台所のゴミ容器のなかをのぞいてみてください。そして，トレイを見つけたら，おうちの人に何のトレイかをたずねましょう。その裏にマジックで記入して教室にもってきてください。
> 　さて，みんなのをあわせると，いくら分になるでしょう？

　翌朝，クラスの子どもたちは，スーパーの袋をかかえて登校。教室では，はやくも「品評会」が始まっています。

C　花の模様があってきれい！　　C　おさしみが入っていたんだよ。
C　これ，まだ使えそうだよ。
C　トレイなんか，なくてもいいよね。それに，捨てるの，もったいないよ。

　タカアキ先生が，ニコニコしながら教室に入ってきます。

T　ずいぶんたくさん集めてきたね。トレイにも，いろいろあるんだね。
C　先生。おさしみのトレイは，にんじんのより高いんでしょう？

> 白いトレイ＝3円　カラーのトレイ＝5円　模様入りトレイ＝20円

T　全部でいくら分になったかな？
C　ぼくの家は14円　　C　わたしは18円
C　ぼくは……0円。
T　宿題を忘れたの？
C　ちがうよ。トレイは洗ってお店に返すと割引券をくれるから，捨てないんだって。

> トレイの"ゴミ減量作戦"開始！　みんなでアイディアを出し合おう！

⑧ 暮らしの中の"安全マーク"大集合！

> コンセントの絵を，実物大で描いてください。ヒント，穴は２つです。

　おそらくほとんどの方が，大きさはともかく，左右の穴が同じ長さの絵を描くにちがいありません。ところが事実は……。
　左が約0.9㎜，右が約0.7㎜。そう，左右は同じ長さではありません。肉眼でも判別できるほどの違いがあったのです。
　見えども，見えず。
　コンセントを見たついでに，差し込みプラグも見てください。

> コンセントはもちろん，差し込みプラグにも，"共通するマーク"がついているはずです。どんなマークだろう？
> ヒント。他の電化製品にも同じマークがついています。

　となれば，実際に確かめたくなるのが人情。
　その結果，「ヘー！」。そして，「なぜ？」という疑問がわいてきます。
　今回の指導プランは，"安全マーク"探検です。
　大学生も大喜び。教室騒然。瞳をキラキラさせながら，教室内を探索している姿がいまも私の脳裏に……。

★初出（原題のまま）は，『楽しい体育の授業』(1996年，６月号，明治図書)

◇シナリオ

「何だ？これは」
　5年2組の子どもたちが，黒板の前に集まって首をかしげています。そこには，奇妙なマークが書かれた5枚のパネルがはられています。
「タカアキ先生のしわざにちがいない！」
　そのとき，教室のドアが開きました。タカアキ先生の登場です。

(ア)

(イ)

(ウ)

(エ)

(オ)

T これ（ア）。ＳＴ（Safety Toy）マークといいます。

> 何についていましたか？

C ……？
T オモチャについています。家に帰ったらオモチャがある人は見てみてネ。日本玩具協会のテストに合格した"安全なオモチャ"という印です。
　お母さんにお礼を言うんだよ。「お母さん，ありがとう。ちゃんと，ＳＴマークのあるオモチャを買ってくれたんだね」って。
　お母さんは，「エーッ!?」という顔をするよね。そうしたら，「実はね，このＳＴマーク……」という話をしてあげてください。お母さん，「この子いつの間にこんなに賢くなったんだろう？」ってきっと感心してくれると思うよ。
T では，これ（イ）は？

> 何についているか，わかる人？

T ＳＦ（Safety Firework）マークといいます。花火についているマークです。日本煙火協会の検査を受けて安全だと認められた印です。もし，このマークがついていない花火だったらどう？
C コワーッ！
T 花火を買うときに確かめてください。
T じゃあ，これ（ウ）。

> 何についていたと思いますか？

C ……？
T これ，実は上下が逆なんです。
「先生，これ逆じゃないですか？」って本当は気づいてくれる人がいるんじゃないかと期待していたんだけどな。ＳＧ（Safety Goods）マークです。

暮らしの中の"安全マーク"大集合！――39

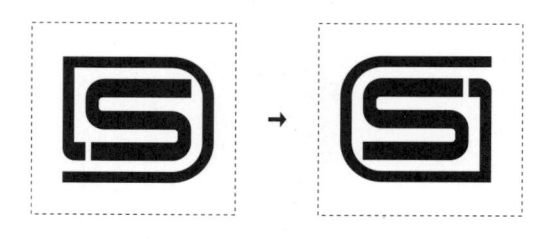

| いま，このマークのものを持っている人はいますか？ |

T　これ，実は百円ライターについているんです。他に，金属バットやヘルメットにもついているはずだよ。

T　はい，つぎはこれ（エ）。このマーク，みんな見たことあるでしょう。桑田とか清原とか……。ＰＬ（ピー・エル）。ウソです。

　　ヒント。独身の男性の下宿の部屋にいけば山ほどあるよ。みんなの部屋のゴミ箱にもあるかもしれないな。コンビニなんかにも山ほどある。みんなの家庭にも１つや２つあると思うよ。冷蔵庫の中にもある。ゴミ箱にも……。

C　……？

T　トレイです。プラスチックトレイの裏にこのＰＬのはんこが押してある。お刺身なんかがのってる，あのトレイ。昔は，紙でクルクルってまいてあったけど，いま，スーパーなんかで買うと，プラスチックトレイにのってくるでしょ。こんなものにのせて，だいじょうぶかなあ？　汚くないかなあ？　なんて思っていた。食品衛生法で，安全基準に合格している，「このトレイなら食べ物の容器として使っていいですよ」というマークなんです。

　　みんなの好きな，カップメン。カップメンの容器にも，これがついているはずです。家に帰ったら，確かめてください。

T　次は，このマーク（オ）。

| 何についているか，わかる人？ |

C　郵便局？

T　郵便局じゃない。この部屋のなかにもいっぱいある。

いまから，見つけてもらいます。制限時間は5分。見つけた人は，その場で大きな声で，"あった！"と叫んでください。はい，はじめ！

開始後1分たっても，子どもたちはキョロキョロしているだけです。

ヒントです。
①電気に関係あるマークだよ。
②高いところにあるかも……。
③マークは小さいから，小さいものにもついているかも……。

「あった！　蛍光灯」
　たかし君が真っ先に見つけたようです。

T　"蛍光灯"のどこについてた？　みんなで確認してみよう。

T　㊀だね。▽じゃない。実は，これ兄弟なんです。
C　あった！　蛍光灯の本体。
T　そう，その通り。
C　ここ（コンセントのプラグ）にもついてる！
C　本当だ！
T　これは，先生も調べて初めて知ったんだけど，▽や㊀マークはあらゆる電化製品についています。家中，探してみると，こんなものがあふれている。「検査の結果，この電化製品は安全である」ということで，通産省というお役所がこういうマークを与えるわけです。▽は㊀より危険度が高い電化製品

についている。すごく小さなマークです。電化製品にはどちらかの〒マークがついています。ついているはずです。もし，ついていなかったら……，こわいですねぇ。感電事故にあったり，火災なんかにもなりかねない。そんな危険の発生する恐れのある電気製品について，ちゃんと安全テストに合格したというマークなんです。

こんなふうに，ふだんは見過ごしてしまいがちなマークにも，すべて意味があるんです。

あと3分，時間をあげます。▽，〒を見つけてください。

「ヤッター！」。子どもたちは真剣そのものです。
「見つけた！」「ぼくも……」

▽……テレビ，ラジカセ
〒……ビデオデッキ

T　この他にもいろいろ意味を持ったマークがたくさんあります。これからも，こんなに小さなマークだけど，それにこだわって安全かどうかということをいつもみていくという目をもってほしいですね。

宿題です。
この他にどんなマークがあるでしょう？　自分の家の中で見つけたら，そのマークの絵を書いて，どこについていたか報告してください。

＊▽マーク（甲種電気用品），〒マーク（乙種電気用品）は，電気用品取締法（1961年制定）にもとづく認定マークとして親しまれてきたが，1995年の法改正により，乙種電気用品に付けられていた〒マークは廃止され，かわって第三者機関による認証（JETマーク，JQAマーク）が任意でおこなわれることになった。また，甲種電気用品も，1999年の法改正（「電気用品安全法」と名称変更，2001年4月より実施）により「特定電気用品」と名称変更されることになっており，これにともなって▽マークも廃止される見通しである。ただし，当分の間は〒マーク商品も▽マーク商品も店頭に並ぶことになる。法改正以前に購入して家庭で使われている電気用品には，もちろん〒マーク，▽マークのいずれかがつけられている。

⑨ クスリのリスク
知ってますか？　薬の正しい用い方

「先生，『○○（薬の商品名）』ちょうだい！」
　テレビのコマーシャルの影響でしょうか。薬の商品名だけはよく知っています。すぐに薬に頼るのも，気になるところです。
　私たちの体には「自然に健康をとりもどす力」（自然治癒力）がそなわっており，薬が病気を治すのではなく，薬は，こうした自然治癒力の手助けをしているにすぎないのです。
　薬局や売店で売られている，いわゆる大衆薬（一般用医薬品）には，必ず説明書（添付文書）がついています。
　"自己投薬"にあたっては，薬のもつ効果を最大限に発揮させるため，服薬の量，食事との時間的な関連，服薬の間隔，副作用への配慮など，説明書に示された使用方法や薬剤師の指示にしたがって正しく用いる必要があるのです。
　また，薬は時間とともに変質するため，日光をさけ，乾燥した低温で保管するなどの注意も必要です。有効期限が過ぎたものを使用してはならないことはいうまでもありません。
　「薬の正しい用い方」をテーマにした指導プランを紹介します。

★初出（改題）は，『楽しい体育の授業』（1996年5月号，明治図書）

◇シナリオ

　救急箱を大事そうに抱えながら，養護のアキコ先生が教室に入ってきました。
「先生，病気？　それとも，誰かケガでもしたの？」
　救急箱の中から薬（ベンザエース，正露丸，新大正胃腸薬，キャベ２）を取り出して，教卓の上に並べはじめました。
T　「薬の正しい用い方」について一緒に勉強しようね。

> かぜをひいたときからだに現れる「症状」をグループで５つ以上あげてください。

T　「症状」はジェスチャーでやってもらいます。班長さん起立！１班から順にちがう症状をやってもらいます。
C　エーッ!?

> のどの痛み，せき，くしゃみ，鼻水，鼻づまり，たん，悪寒，発熱，頭痛

T　こんな症状が全部いっしょに出たら苦しいでしょうね。

> どの薬を飲んだらよいでしょう？

C　ベンザエース
T　その通り。ベンザエースを飲もうとした時，先生，ふっと疑問がわいてきたの。こんなにたくさんの症状に効くんだろうか？

> 何を見ればわかるでしょう？

C　「説明書」がついてるよ。
T　よく知ってるね。たしか，「説明書」がはいっていたはずです。〔薬の箱から「添付文書」を取り出す〕

グループに配布します。

> ご使用に際して、この説明文書を必ずお読みください。
> また、必要な時に読めるよう大切に保存してください。
>
> 小さな錠剤のかぜ薬
> # ベンザ®エースD錠
>
> ●**効　能**
> かぜの諸症状（鼻水、鼻づまり、くしゃみ、のどの痛み、せき、たん、悪寒、発熱、頭痛、関節の痛み、筋肉の痛み）の緩和。
>
> ●**用法・用量**
> 成人（15歳以上）は1回3錠、11歳〜14歳は1回2錠、5歳〜10歳は1回1錠を、1日3回、食後なるべく30分以内に、水またはお湯でかまずに服用してください。

> どの症状に効くか？　1つずつチェックしてください。

T　すごい！ かぜの症状に全部効くんですね。（ベンザエースの薬ビンを持ちながら）かぜ薬を飲むと…。"熱が下がった""咳がおさまった""鼻水が止まった"というように、たしかに症状がやわらいだような感じになります。
　しかし、このことは覚えておいてね。かぜが治ったわけではないんだよ。かぜは、ほとんどがウィルスが原因。なのに、かぜ薬にはウィルスそのものを殺す力はありません。

> 薬…自然治癒力をたすける

T　あくまでも"症状をやわらげる"だけ。病気を治すのはあくまで自然治癒力であり、薬はその補助的手段にすぎません。自然治癒力を高めるための生活条件（安静・栄養・睡眠）を整えることが基本であることを忘れないようにしたいものですね。

　　　　　＊　＊　＊　＊　＊

T　3年前のことです。3歳になったばかりの娘が，夜，突然吐いちゃったの。下痢してね……。どうも食あたりらしい。救急箱をのぞいたの。あった。あった。これこれ。〔正露丸，新大正胃腸薬，キャベ2をひとつひとつ読み上げながら紹介する〕

娘にどれを飲ませたと思う？

C　正露丸？

グループに，それぞれの薬の説明書を配ります。どれがよいかたしかめてください。

（胃腸薬）　**正露丸**
商標登録第545984号

【効　能】
下痢，消化不良による下痢，食あたり，はき下し，水あたり，くだり腹，軟便，むし歯痛。

【用法・用量】
15才以上……………………1回　3　粒　　　11才以上15才未満……………………1回2粒
8才以上11才未満……………1回1.5粒　　　5才以上8才未満……………………1回1粒
1日3回，食後に服用する。むし歯痛には1〜½粒を歯窩につめる。

【使用上の注意】
1．次の人は服用前に医師又は薬剤師に相談してください。
　（1）今までに薬によるアレルギー症状（例えば，発疹・発赤，かゆみ等）を起こしたことがある人。
　（2）高熱を伴う下痢のある人，高齢者。　　（3）血便のある人，粘液便の続く人。
　（4）医師の治療を受けている人。
2．服用に際して，次のことに注意してください。
　（1）本剤は，劇薬に該当する成分も含まれているので，定められた用法，用量を厳守してください。
　（2）小児に服用させる場合には，保護者の指導監督のもとに服用させてください。
　（3）本剤は，5才未満の乳幼児に服用させないでください。
　（4）5才以上の小児に服用させる場合には，薬剤がのどにつかえることがないよう，よく注意してください。
3．服用中又は服用後は，次のことに注意してください。
　（1）本剤の服用により，アレルギー症状（例えば，発疹・発赤，かゆみ等）があらわれた場合には，服用を中止し，医師又は薬剤師に相談してください。
　（2）本剤の服用により，まれに，食欲不振，胃部不快感等があらわれることがあります。
　（3）数日間服用しても，症状の改善がみられない場合には，服用を中止し医師又は薬剤師に相談してください。

【保管及び取扱い上の注意】
　（1）小児の手のとどかない所に保管してください。
　（2）直射日光をさけ，なるべく涼しい所に密栓して保管してください。
　（3）誤用をさけ，品質を保持するために，他の容器に入れかえないでください。

T さあ，どれを選ぶ？ 先生もそう思った。"正露丸"。"下痢，食あたりに…"そうだよ。

何粒飲ませればいいのかな？ どこをみればいい？

C 「用量」
T 確かめてみてください。3歳だよ。ところが，5歳以上からしか書いてない。順番に読んでいった。
C 「使用上の注意事項」

新大正胃腸薬〈錠剤〉

効　能

胃もたれ、食べすぎ、飲みすぎ、消化不良、胸やけ、消化促進、胃痛、胃酸過多、胃部不快感、げっぷ、胃部・腹部膨満感、胃重、はきけ（むかつき、胃のむかつき、二日酔・悪酔のむかつき、悪心）、胸つかえ、嘔吐、食欲不振（食欲減退）、胃弱

用法・用量

年令	15才以上	8〜14才	5〜7才
1回量	4錠	2錠	1錠

いずれも1日3回、食後又は食間に服用してください。

使用上の注意

1. 次の人は服用前に医師又は薬剤師に相談すること
   (1)今までに薬によるアレルギー症状（例えば、発疹・発赤、かゆみ等）を起こしたことがある人。
   (2)腎臓に障害のある人。
   (3)医師の治療を受けている人。
2. 服用に際して、次のことに注意すること
   (1)本剤は、劇薬に該当する成分も含まれているので、定められた用法、用量を厳守してください。
   (2)小児に服用させる場合には、保護者の指導監督のもとに服用させてください。
   (3)次の製剤とは同時に服用しないでください。
      胃腸鎮痛鎮痙薬
   (4)本剤は、5才未満の乳幼児に服用させないでください。
3. 服用中又は服用後は、次のことに注意すること
   (1)本剤の服用により、アレルギー症状（例えば、発疹、かゆみ等）があらわれた場合には、服用を中止し、医師又は薬剤師に相談してください。
   (2)本剤の服用により、まれに口のかわき、便秘を生じることがあります。
   (3)2週間位服用しても症状の改善がみられない場合には、一時服用を中止し、医師又は薬剤師に相談してください。
4. 保管及び取扱い上の注意
   (1)小児の手のとどかない所に保管してください。
   (2)直射日光をさけ、なるべく湿気の少ない涼しい所に密栓して保管してください。
   (3)誤用をさけ、品質を保持するため、他の容器に入れかえないでください。

T 『服用に際しての注意』の（3）を見て，エーッ！

「本剤は，5歳未満の乳幼児に服用させないでください。」

T そこで，脱水症状にならないように，水だけ飲ませて様子をみることにし，翌朝医者につれていくことにしました。

① みんなの年齢では，何粒（包）飲んだらよいでしょう？ 3種類それぞれ確かめてください。
② 「用法」の欄を見て，いつ飲んだらいいか（「服用時間（食前，食後，食間）」）を確かめてください。

食べる前に
のむ胃腸薬 **キャベ2** コーワ

用法 成人(15才以上)1回1包、1日3回毎食前に服用する。

効能 ●もたれ、胃部・腹部膨満感、胃部不快感 ●はきけ(二日酔・悪酔のむかつき、胃のむかつき、むかつき、嘔気、悪心)、嘔吐 ●飲み過ぎ、食べ過ぎ、胃酸過多、胸やけ、げっぷ、胸つかえ ●胃弱、胃重、胃痛 ●食欲不振、消化不良

―― 使用上の注意 ――
1. 次の方は服用前に医師又は薬剤師に相談してください。
   1) 腎臓に障害のある方。
   2) 医師の治療を受けている方。
2. 服用に際して、次のことに注意してください。
   1) 定められた用法、用量を守ってください。
   2) 小児には服用させないでください。
   3) 本剤は生薬を用いた製剤ですから、製品により色が多少異なることがありますが、効果には変わりありません。
3. 服用中又は服用後は次のことに注意してください。
   2週間位服用しても症状の改善がみられない場合には、一時服用を中止し、医師又は薬剤師に相談してください。
4. 保管及び取扱い上の注意
   1) 小児の手のとどかない所に保管してください。
   2) 直射日光、湿気をさけ、なるべく涼しい所に保管してください。
   3) 誤用をさけ、品質を保持するため、他の容器に入れかえないでください。
   4) 使用期限をすぎた製品は使用しないでください。

⑩ "心"についての「とっておきの話」

　小学校5年生を対象に行った「"心"の話」の〈シナリオ〉です。心をテーマにした授業づくりにあたって，次の2点に留意しました。

①心のはたらきを行っている場所が大脳であることを実感できるような"作業"を組み入れる。つまり，じゅうぶんな耕しもしないで，「心は大脳にある」と結論づけない。
②心のはたらきを，子どもたちに概念的に整理させる前に，まず授業のなかで"体験"させるような活動を組み込む。そのうえで，こうした子どもたちの"共通体験"をもとにして概念化を行っていく。

　この日の授業は，グループ対抗の漢字クイズという"共通体験"をもとに心のはたらきを「知能」「感情」「社会性」の3つの言葉に整理したあと，小学校1年生のときの担任の先生の「声のお便り」（カセットテープ）による"時代の証言"で，逆に子どもたちのその後の心の成長ぶりを浮き彫りにしていく，といった展開となるはずでした。
　しかしこの日，担任のタカアキ先生は教室に入って間もなく，「心の発達」に関する一般論を学ばせるだけでは〈生きる力〉は育たないと，再確認させられることになります。作戦の変更です。
　タカアキ先生は，我が子への親の願いを軸に，自分の少年時代の思い出を織り交ぜながら，「"心"の話」をこんなふうに組み立てていったのでした。

★初出（原題も同じ）は，『教室ツーウェイ』（1996年12月号，明治図書）。

◇シナリオ

　5年2組の教室に入って教壇の前に立ったとき，タカアキ先生は，"ある違和感"を感じました。向かって左1番後のグループ（2班）の机の寄せかたがおかしいのです。明らかに"仲間はずれ"です。G子の机だけがわずかですが離れた状態になっているのです。
　タカアキ先生は，予定を変更し，こんな話をすることにしました。

T　先生には3人の子どもがいます。
　　先生は，子どもたちに「勉強の成績は少しくらい悪くてもいいから，こんな人間になってほしい」と望んでいます。

> 　どんな人間になってほしいと望んでいるでしょう？

T　みなさんのお父さんやお母さんはどうでしょう？
C　やさしい子。
C　健康で明るい子。
C　あいさつができる子。
T　先生も，やさしくて，健康で明るくて，あいさつができて……，他人をいじめたり，いじわるしたり，自分がしてほしくないことは他人にも絶対にしない子に，子どもたちが育ってくれたらと願っています。
　　今日は，自分がどれくらいそんな子に近づいてきているのかを知り，どうしたらそんな子に近づけるかについて一緒に学んでいきましょう。
〔「心」と大きく板書する〕

> 　心のはたらきは，どこでやっているのでしょう？
> 　目を閉じて，「ここだ」と思う場所を押さえてください。

〔ほとんどの子どもが，心臓や胸のあたりを押さえている〕
T　すごく心配なことがあったり，いやなこと，悲しいことがあると，胸が痛

むことはありませんか？
T　座席を元通りにして，おへそを先生に向けてください。
〔「思」という漢字を書く〕

```
┌───┐
│ 田 │
├───┤
│ 心 │
└───┘
```

T　こんなふうに，「心」が下につく漢字があります。5年生になるまでに，8つ習ったはずです。思い出せるかな？

> 目を閉じてください。習ってない字でもいいです。4つ，心に思い浮かべてください。時間は1分。

〔4つ以上思い浮かべられた子がいないことを確認する〕
T　難しかったようだね。でも，こうすれば4つぐらいスラスラと出てくるよ。どうするか？　そうです。グループになるんです。

> グループになってください。紙を6枚ずつ配ります。みんなで知恵を寄せ合って，下に心のつく漢字を探して，紙に一字ずつ書いてください。制限時間は，3分。たくさん見つかったグループは，前へ"おかわり"の紙をもらいにきていいよ。

〔「感」「悪」「想」「怒」「恩」「態」「息」「慈」「恵」「悲」「憩」「懸」「窓」「忠」「芯」……。もちろん『漢和辞典』も何も見ないでの作業である。でも，どんどん出てくる。案の定，2班の滑り出しが悪い〕
T　発表してもらいます。
〔1巡目は，無事終了。2巡目に入ったところで，2班がリタイヤー〕
T　「まだあるよ」というグループ。リーダーさん，挙手してください。
　2班以外は，まだあるのですね。
〔2班からはついに出なかった。G子は下を向いている〕

　2班の子どもたちの様子を見て，タカアキ先生は，自分の小学校5年生のときに体験したある"事件"のことを思い出していました。その"事件"というのは，班分けにまつわるものだったのです。

　残り時間はあと10分。タカアキ先生は，子どもたちにむかって，その体験を

語りはじめました。

T　ここに，お父さんやお母さんが書いてくれた紙があります。
　　偶然でしょうか。先生が，自分の子どもたちに『こうあってほしい』と願っているのと全く同じなのです。紹介します。

> "人の心の痛みがわかる子ども"
> "他人にやさしいだけでなく，他人のやさしさがわかる人間"
> "他人のために骨身を惜しまない人間"
> "うそをつかない，正直な子"

　目を閉じて，胸に手を当ててみてください。どうですか？　そんな人間に育っていますか。ハイ，目を開けてください。
　今日，みんなのグループ活動の様子を見ていて，ずっと胸が痛くなるような気持ちでした。思い出したのです。小学校5年生のときの"事件"を……。
　班分けは，好きな子同士。"取り取り"という方法で，あらかじめ選ばれた班長がメンバーを取っていくのです。私も班長に選ばれました。メンバー選びはどんどん進みます。だんだん残り少なくなっていました。まだそこにM子の姿がありました。「M子だけはイヤだよ，同じ班になるの……」。班員のみんなの声が聞こえてきます。
　学級委員だった私は，しかたなくM子を入れることにしたのでした。「M子，みんなが"イヤ"と言ったけど，かわいそうだから入れてあげたんだよ」。なんという残酷な言葉。なぜ，そんな言葉をM子に向かって吐いてしまったのでしょう。M子が学校に姿を見せなくなるのは，その翌日からでした。
　人間は他人はだませても自分はだませないのです。からだ（脳）がちゃーんと覚えているのです。いじわるしたり，うそをついたりしたとき，気持ちいいですか？　むしろ後味が悪いはずです。
　もう一度，目を閉じてください。
　お父さんやお母さんは，みなさんにこんな人間になってほしいと望んでいます。先生も，そんな人間が大好きです。もう一度，読み上げます。

⑪ ストップ！ O157

　予防法として，「手洗い・加熱といった感染経路を断つことを知らせる」のは確かに大切なことです。しかし，とりわけ"夏休み前"の「O157の保健指導」の内容としてみたとき，それだけではあまりに貧弱です。
　感染症の予防には，①感染源，および感染経路についての対策　②主体のもつ抵抗力，およびそれを最大限に発揮させるための生活のあり方　③発症予防，および悪化防止，の3つの原則を踏まえることが重要なのです。
　O157は，食物や飲み水などと一緒に口から入り，肛門から出ます。したがって，活動の舞台は消化管の中，その"住み処（か）"は大腸です。
　したがって，予防法としてまっ先に考えられるのは，「口から入ってこないようにする」ということです。菌の移動の仲立ちをするのは"手"ですから，手に菌がついたままにしないで洗い落としておくのです。また，「熱に弱い」という弱点を攻略して，菌そのものを死滅させるのもよいでしょう。加熱していない食材をそのまま飲食しないようにすることも大切です。
　O157といえども，感染した人たちがすべて発病するわけではもちろんありません。また，発病したとしても，軽症で回復の早い人もいます。
　一つには抵抗力。すなわち，からだの中に備わっている"防衛軍"の強さと密接に関わっているのです。いま一つは，初期治療の適切さに関わる問題です。
　まず，前者（抵抗力）について。
「O157の活動の舞台が消化管の中」であることに注目していただきたいのです。消化管の中には，病原菌と闘うさまざまな"防衛軍"が控えています。胃を通過するときに出会う胃酸は，病原菌にとっての最初の関門ということになります。吉川昌之介教授（日本歯科大学・病原微生物学）によれば，「胃酸に耐えて生き残るのは，（O157の場合）10％以上」（『毎日新聞』1996年8月3日付，朝刊）ということであり，完全に死滅させることはできないまでも，胃酸が力

強い"防衛軍"であることは明白です。

　胃酸との闘いに生き残ったO157は，腸に達するといよいよ活動開始。腸の粘膜の細胞に付着して増殖しようとします。しかし，O157の好き放題というわけにはいきません。ここにも"防衛軍"の存在があるからです。腸壁に棲みついて（共存共栄）いるビフィズス菌などの"善玉"腸内細菌が，O157を排除すべく闘いを挑むのです。

　また，粘膜の細胞表面では，免疫システムが働いて簡単には増殖させてくれません。さらには，O157が腸壁に潜り込んだりする刺激は，下痢という防衛機能を呼び覚まして，便といっしょにO157を体の外へ排出させるように作用するのです。「下痢止めは使わない方がよい」とされるのはそうした理由からです。

　これらさまざまな"防衛軍"を整備しておくためには，日常的な健康管理のあり方が重要となってきます。

　ストレスは大敵です。とりわけ夏は体力が低下しがちであり，バランスのよい食事も大切な要素となります。なかでも，注目されているのが，緑黄色野菜に含まれているベータ・カロチンの"毒消し"効果です。

　かぜと"誤診"されたため適切な処置がとられなくて重症化した例もありますが，初期の症状を知って，一刻も早く適切な医療を受けるならば，数日で健康回復することが多くの事例で確かめられています。

　激しい腹痛，吐き気，下痢などの症状があれば，"犯人はO157"と疑ってみるべきでしょう。

　下痢止めは使うべきではありませんが，下痢が続けば脱水症状があらわれ，さらに進行すれば生命に危険がおよびます。

　とくに夏場は，発汗作用も活発となるため，水分補給は欠かせません。その際，冷たい水は腸内を刺激する恐れがあるので厳禁です。炭酸飲料水も同様です。常温に近いぬるめのお茶や麦茶をたっぷりと補給するとよいでしょう。

　歌を用いた保健指導で，"ストップ！　O157"。

★初出（改題）は，『楽しい体育の授業』（1996年10月号，明治図書）。

◇シナリオ

「さあ，みんなで歌をうたいましょう！」

　養護のアキコ先生は，カセットレコーダーを教卓の上に置くと，突然，子どもたちに向かってこう呼びかけました。

「『保健』だよ。先生，夏休みボケ？」

　子どもたちの声がまるで聞こえていないのでしょうか。黒板に，空欄が3箇所（ア，イ，ウ）ある＜1番の歌詞＞を貼ると，それと同時にカラオケテープのスイッチON。なんと，「1番行きます！」と言って，元気に歌い出しはじめたのです。〔空欄は「チョメ，チョメ」で歌う〕

1　胃酸　粘膜　ビフィズス菌　（ア）をやっつけろ
　　ニンジン　カボチャ　ホウレン草　ベータ・カロチン　"毒消し"薬
　　水分とり過ぎ　夏バテ注意　ストレスためるな　快眠　快便
　　（イ）　（イ）　（ウ）を　つけるんだ　ヤア！

この歌のタイトルは，「ストップ！【　　】」

C　ダイエット？　　T　だとしたら，「ウ」は？　　C　カロリー。
T　ノー！　ヒントです。食中毒，ベロ毒素，といったら……・？
C　わかった。「O157」の歌だ！

「ア」「イ」「ウ」の空欄には，どんな言葉を入れたらよいでしょう？

T　「ウ」は「抵抗力」，「ア」は「病原菌」。「イ」には，タイトルの空欄と同じ言葉が入ります。

O157

ストップ！O(オー)157

近藤真庸 作詞
こんどうひろあき 作編曲

（楽譜）

1. い さんねん まく ビフィズス きん － びょうげんきん を やっつけろ －
2. せっけんで あらい さっきん しょうどく たべ もののみ みず くち から ちょう へ
3. はげしい ふくつう はきけに おうと げりー に けつべん はつねつ はっかん

ニンジン カボチャ ホウレンそう － ベータ カロチン どくけし ぐすり
なま みず のむ な なまにく くう な ちょうりは はやめに りょうりは かねつ
さて は はんにん オー イチゴー ナナ だっ すいしょうじょう きー を ーつけろ

すいぶん とりすぎ なつバテ ちゅうい ストレス ためるな かい みん かい ベン
まな いた ほうちょう ふきん はしゃふつ なな じゅう ご どなら いっ ぷん いじょう
ぬるめの おちゃーで すいぶんほきゅう いっ こく も はやく も よりのいしゃ へ

オー イチゴー ナナ　　オー イチゴー ナナ

ていこうりょくを　　つけるんだ　ヤァ！
かんせんけいろを　　ふさぐんだ　ヤァ！
そう きちりょうで　　けんこうかいふく　ヤァ！

一、
胃酸 粘膜 ビフィズス菌
病原菌をやっつけろ
ニンジン カボチャ ホウレン草
ベータ・カロチン 毒消し薬
水分とり過ぎ 夏バテ注意
ストレスためるな 快眠 快便
O157 O157
抵抗力を つけるんだ ヤァ！！

二、
石鹸手洗い 殺菌消毒
食べ物 飲み水 口から腸へ
生水飲むな 生肉食うな
調理は早めに 料理は加熱
まな板 包丁 ふきんは 煮沸
75度なら 1分以上
O157 O157
感染経路を ふさぐんだ ヤァ！！

三、
激しい腹痛 吐き気に嘔吐
下痢に血便 発熱 発汗
さては犯人 O157
脱水症状 気をつけろ
ぬるめのお茶で 水分補給
一刻も早く 最寄りの医者へ
O157 O157
早期治療で 健康回復 ヤァ！！

＊CDアルバム「おもしろ健康百歌（第4集）」（徳間ジャパンコミュニケーションズ）に収められています。問い合わせは，（株）C・オーグメント（03-3466-9471）まで。

©1996 近藤真庸，こんどうひろあき，C・オーグメント

T　1番の歌詞が完成したところで，みんなで一緒に歌いましょう〔歌入りテープ・スイッチＯＮ〕。
T　次は2番です。〔2番の歌詞を貼る〕

> 2　石鹸手洗い　殺菌消毒　食べ物　飲み水（エ）から（オ）へ
> 　　生水飲むな　生肉食うな　調理は早めに　料理は加熱
> 　　まな板　包丁　ふきんは煮沸　（カ）度なら（キ）分以上
> 　　Ｏ157　Ｏ157　（ク）を　ふさぐんだ　ヤア！

空欄には，それぞれどんな言葉（数字）が入るでしょう？

T　Ｏ157の"入り口"は「口」（エ）。"住み処"は「腸」（オ）です。
T　「75」（カ）度なら「1」（キ）分以上って，聞いたことあるでしょう？
T　「ク」は？　Ｃ　口と腸？
T　口と腸をふさいだら餓死しちゃうね。食事はちゃんと食べても，Ｏ157が入ってこないようにすればいい。そのための方法がこれ。「ク」は……。

　　　感染経路

T　2番，歌いましょう！　スイッチＯＮ。
T　3番には「症状」が7つ出てきます。

Ｏ157食中毒の症状にはどんなものがあるだろう？

Ｃ　下痢。　Ｃ　腹痛。　Ｃ　血便。

症状がでたら直ちに飲まなければいないものがあります。どれか？
　　ア　下痢止め　イ　抗生物質　ウ　ぬるめのお茶

T 3番はこんな歌詞です。〔3番の歌詞を貼る〕

> 3 激しい腹痛　吐き気に嘔吐　下痢に血便　発熱・発汗
> 　　さては犯人　O157　脱水症状　気をつけろ
> 　　ぬるめのお茶で　水分補給　一刻も早く　最寄りの医者へ
> 　　O157　O157　早期治療で　健康回復　ヤア！

C エーッ!?「ぬるめのお茶」
T ストップ！ O157。最後に，1番から通して歌いましょう。

⑫ 恋の三十一文字（みそひともじ）

「百人一首」型ゲームで"思春期の恋"を体験しよう！

　「20枚1組」で行う"対局"スタイルのゲームを紹介します。
　そのメリットは，
①カード20枚なら，2人が向かい合わせた机に10枚ずつ置いて"対局"が楽しめる。
②クラスの人数の半分のセットを増し刷りして用意すればクラス全員が同時に参加できる。
③枚数が少ないので，3人いれば10分の休み時間でも楽しめる。

　なお，この「20枚1組」の"対局"スタイルのアイディアは，東京教育技術研究所が開発した「五色百人一首」の方式から学んだものです。
　「初心者コース」「初級者コース」「中級者コース」「上級者コース」「恋のスペシャリストコース」というように徐々に難易度を上げたものを用意しておけば（合計で100作品），トーナメントを戦っているうちに，自然に"恋のスペシャリスト"となれるかもしれません（ホントかな!?）。
　作品は，教師・父母から公募しましょう。思春期の，あの"胸のときめき"を思い起こしてみるのです。中・高校生の心を理解するうえでまたとないチャンスとなるはずです。子どもたちはきっと，「先生や親たちも，私たちくらいの年頃には同じように恋で悩んでいたんだなあ」と共感してくれるにちがいありません。全編「作者不詳」の"詠み人知らず"ということでやりましょう。
　最後に掲載した短歌は，岐阜大学学生のオリジナル作品です。

★初出（原題のまま）は，『健』（1997年3月号，日本学校保健研修社）

◇シナリオ

「上の句」を聞いて「下の句」を予想するという"恋のイマジネーション"の豊かさを競うゲームです。

〈ルール〉
①対局スタイルでおこないます。机を向かい合わせて並べます。
②20枚の「取り札」（下の句）をアトランダムに机の上にひろげます。
③交互に好きなカード（下の句）を1枚ずつ手に取り，感情を込めて読み上げます。読み終えたカードは手元に置いておきます。
④手元にある各10枚の取り札（下の句）をそれぞれ自分の机の上に図のように配置したら，いよいよスタートです。

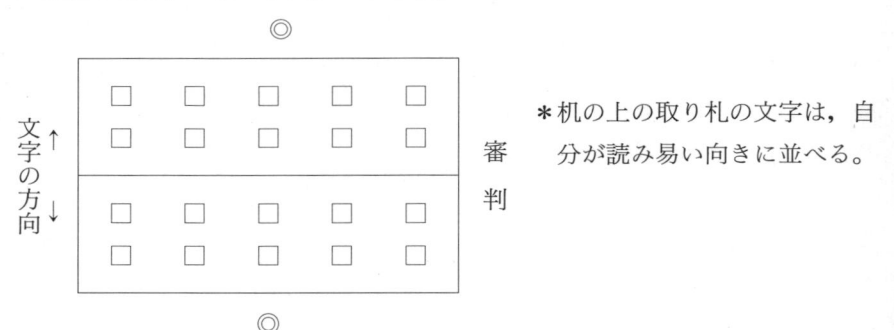

＊机の上の取り札の文字は，自分が読み易い向きに並べる。

⑤審判が「読み札」を読み上げます。その際，まず上の句だけをゆっくりと3回読み上げます。4回目からは下の句まで通して読みあげます。
⑥自分の机の上にカードが残っているときならお手付（違うカードに触れること）は何度してもかまいません。ただし，触れてしまったカードは相手方の机の上に移動します。もし相手方の机の上にあるカードをお手付した場合は，自分の机の上にある任意のカードを1枚，相手方の机に移動させます。自分の机の上にカードが1枚もなくなってしまったら，お手付はできません。お手付した時点で，たとえ取った枚数で相手を上回っていても「負け」となります。これを"お手付ルール"といい，このルールの存在が，ゲームを最後

まで楽しませてくれます。
⑦最終的に枚数が多い方が「勝ち」となります。ただし同数の場合は，最後のカードを取った方を「勝ち」とします。このルールは，"お手付ルール"とあいまって，最後の最後まで"逆転勝利"に向けて，競技者の集中力を持続させる原動力となるはずです。
⑧審判は，残り1枚となった時点で，お手付を誘うためダミー用の作品（他のコースの作品を借用してもよいし，即興のオリジナル作品ならなおよい）を3句以内に限り披露してよいことになっているので，競技者はくれぐれもお手付に注意してください。

〈上の句〉
①はやく　あなたに　会いたくて
②長電話　してると　親に叱られて
③寝る前に　あなたのことを　考える
④帰り道　あなたをずっと　追いかける
⑤手に入れた　あの人が写った　1枚は
⑥髪型を　かえても　誰も気づかない
⑦バレンタイン　皆はたくさん　もらってる
⑧好きな子と　部活の後の　帰り道
⑨チョコレート　渡す相手が　いないから
⑩だんだんと　冷めてく気持ち　隠しつつ
⑪席がえで　くじをひいたら　あの子の隣り
⑫バレンタイン　何個もらえるか　意気込むが
⑬あなたには　必ず僕が　配るんだ
⑭放課後の　グランド走る　サッカー部
⑮バレンタイン　はやる気持ちを　ぐっとこらえ
⑯TEL鳴ると　あの人からと　ドキドキし
⑰帰り道　あなたがそっと　差し出した
⑱赤色の　彼の自転車　後部席
⑲ラブレター　漢字の間違い　気がついた
⑳あなたが　見てる　練習で

〈下の句〉

① どこでもドアが 欲しくなる	⑥ 気づいて欲しい あなたにだけは	⑪ それから毎日 学校楽しみ	⑯ 走って受話器を 真っ先に取る
② それでもかけたい 彼女の家へ	⑦ 僕はあの子の 一つで幸せ	⑫ もらったものは チロル一個	⑰ 手袋あたたか あなたのぬくもり
③ 夢の中でも 会えるといいな	⑧ 街灯ない道 選んで歩く	⑬ そんな思いの 給食当番	⑱ ここは私の 特等席なの
④ こんな私って ストーカー	⑨ 感謝を込めて 父の元に	⑭ あの子が通ると はりきる私	⑲ ポストに入れた その時だった
⑤ いつも大事に ポケットの中	⑩ 今日も演じる かわいい彼女(おんな)	⑮ そっと開ける 空のげた箱	⑳ はりきって決める ナイスシュート

第2章
〈シナリオ〉形式による保健授業プラン

①われら学校安全パトロール隊（小5）
②"交通事故のない"街を創る（小5）
③"バリアフリー"社会を創る（小6）
④短歌で学ぶ，思春期の"恋心"（中2）
⑤ゾウさんは，汗っかき!?（中2）
⑥新・なーるほど・ザ・ホスピタル（中3）
⑦健康の考え方（高校）
⑧自己実現（高校）
⑨ライフステージと健康（高校）

本章では，保健授業づくり研究会（「火曜研」）の仲間たちと共同で開発し追試を重ねてきた作品のなかから9編（小学校3編，中学校3編，高校3編）をセレクトし，それらを〈シナリオ〉形式であらわしてみました。授業のイメージを可能な限り正確に伝えるために，ビデオテープから起こした静止画像を随所に盛り込む工夫もしてあります。

　ところで，それぞれの作品には，ひとつひとつ"開発物語"ともいうべき歴史があります。なかでも，「ゾウさんは，汗っかき!?」（第5節）は最も歴史が古く，1982年に雑誌『体育科教育』に発表して以来，10回以上の実験的研究授業（授業前には，当日のシナリオづくりのための検討会をおこない，授業後は，撮影したビデオテープをもとにバージョンアップのための検討会をもつことにしている）と，30回を超える追試をおこなってきているものです。

　また，「われら学校安全パトロール隊」（第1節），「"交通事故のない街"を創る」（第2節）は，教育学部時代にゼミ指導生の卒業研究の一環として開発したものであり，私にとっては思い出深い作品群といえます。

　「"バリアフリー"社会を創る」（第3節），「短歌で学ぶ思春期の"恋心"」（第4節），は比較的新しい作品であり，ここ数年，全国各地の小・中学校の職員研修の場で私が"提案授業"として行っているものです。

　いっぽう，高校の保健授業プランは，各節のまえがきにも記してあるように，大修館書店が企画した保健ビデオシリーズ（全32巻）に収められたモデル授業を〈シナリオ〉化したものです。授業はもちろん"ブッツケ本番"の取り直しなし。もちろん〈シナリオ〉原案をもって臨みました。〈指導案〉ではなく〈シナリオ〉を創り，それにもとづいて授業を行うことの有効性を私が実感した初めての体験でした。ビデオとあわせて活用していただけば，実際の授業と〈シナリオ〉との関係も理解していただけるはずです。

　「新・なーるほど・ザ・ホスピタル」（第6節）は，もともとは小学6年生を対象にした授業プランとして開発したものを，医療法の改正を踏まえて全面的につくりかえ，中学3年生対象のニューバージョンとして書き下ろしたものです。これをたたき台にして，それぞれの地域バージョンを開発していただけることを願っています。

① われら学校安全パトロール隊

（小学校5年生）

　本時のねらいは，以下の2点です。
①医療機関にただちに運びこまなければならないほどのけがにつながる事故が，学校の中でも，少なからず起きていることに気づく。
②事故を未然に防ぐために環境を改善することも有効な方法の一つであることに気づく。

　子どもたちが，自分たちの生活の場である学校をより安全な環境に改善していこうという問題意識を持ち，授業で学んだ事柄を実生活に生かしてくれることを願って，本時の授業づくりに取り組み始めました。教材として，あえて実際に学校で起きた事故を取り上げ，そうした事例から学習させようとしたのも，そのためです。

★初出は，『学校体育』（1994年6月号，日本体育社）

◇シナリオ「われら学校安全パトロール隊」

T　きょうは，「学校の中で起きるけがとその予防」について考えます。
　　今から，学校の中のある場所を写した写真（写真は，実際にけがが起きた場所にする。グループの数だけ用意する）をグループに1枚渡します。
　　リーダーにくじ引きで選んでもらいます〔写真と黒マルシールを配布〕。

　その写真を見て，その場所でどんな事故が起きそうか，グループで予想してください。事故が起きそうだなと思うところに，シールを貼ってください。

C　〔写真を見ながら，どんな事故が起きたのか予想する。事故現場にたまた

●現場写真の例②

●現場写真の例①

ま居合わせた子どもが，動作を交えて説明しているグループもある〕
T　どんな事故が起きそうか，考えられたかな？
　　それでは，これから実際に，その写真の場所に行って，みんなが考えてくれたような事故が本当に起きたのかどうか確かめてもらいます。「現場検証」です。事故が起きた場所には，「2度と事故が起こりませんように！」の願いを込めて「安全パトロールカード」の紙が置いてあって，そこでどんな事故が起きたのかが書いてあります（教師はあらかじめ，「安全パトロールカード」を見つけやすい場所に貼っておく。事故の様子は，できるだけ詳しく書いておく。事故の原因は，人的要因より，環境的要因がはっきりするように書く）。

　　それを見て，事故が起きたときの様子をグループで再現して，場所を確認してきてください。時間は15分。

●「安全パトロールカード」の例

1993年9月30日（木）雨

　4年生のIさんは，30日の朝，寝すごしてしまい，家を出るのがふだんよりも10分おそくなってしまった。天気も悪く，学校へ行くのもイヤイヤ準備をした。お母さんに「早く行かなきゃ，遅刻するよ」といわれて，学校へ向かった。六条神社近くまでくると，朝の始業のチャイムが鳴るのが聞こえた。重たいかばんと，手さげぶくろ，おまけに傘をさしたIさんは，六条神社からあわてて走りだした。保健室横の通路まで来たとき，下が雨でぬかるんでいたし，マンホールの段に気づかず，ひっかかってころんでしまった。両手に荷物をもっていたIさんは，手をつくことができず，ころんだときに顔をマンホールの段にぶつけて，ほほを切ってしまった。

C 〔カードの記述のように，現場検証をはじめる。再現することで，事故が起きたことについて，「なるほど…」さもありなんという子どもたちや，なんでこんな所でこんな事故が起きるのかと話し合うグループもある〕

T 〔黒板に校内地図を貼り終えたら，巡回指導する。数分前に教室に戻る〕

T 「安全パトロールカード」の紙に，事故の様子が詳しく書いてありましたね。十分，現場検証してきましたか。自分たちが予想した事故と比べてどうだった？

　紙に書いてあるような事故が，2度と起こらないようにするためには，どうしたらよいのか，これからグループで考えて，あとで発表してもらいます。時間は3分。

T それでは，1班から順番に，前の校内地図の所へきて，話し合ったことを発表してください。

　〔現場検証した所の写真を地図に貼る。どんな事故が起きたのかを，簡単に教師が補足説明してから，グループで話し合ったことを発表させる〕

C 〔「こんなところで〜しているからだめだった。廊下は右側を通り，走らないように…」というように，"自分が気をつけるとよい"といった発言が多くみられる〕

T 学校の中では，今みんなが見てきた場所以外でも，たくさんの事故が起こっています。この写真（現在の「朝礼台」の写真。実際に，環境を改善してから，けががなくなった場所である）を見てください。

〔黒板に貼る〕ここでは，5年前にある事故が起きました。どんな事故が起きたのでしょう？

⬆写真③（遠景）

⬆写真④（近景）

この写真の場所でどんな事故が起きたのかグループで予想してください。

T 実は，この場所は以前は今とは少し違っていました。
　ある事故が起こったので，先生たちがあることをして，2度と事故が起こらないようにしたからです。それからは，実際にここでは2度と事故が起こらなくなりました。

T 今から5年前の，5月12日の20分休みのことです。天気の良い日で，入学したばかりの1年生のAくんは，クラスの子と，帽子とりおにごっこをしていました。鉄棒の所から，運動場を駆け抜けて，全速力で逃げましたが，鬼はAくんめがけて追いかけてきます。とっさにAくんは，あがったことのな

い朝礼台に駆け上がりました。でも，鬼はついてきます。もう逃げ場はありません。朝礼台から飛び降りようとしました。しかし，いざそうしようと台の端までくると，地面がとても遠くに思えて足がすくみます。みんなの声が聞こえます。「早く，早く」。目をつぶって飛び降りました。Aくんは，そのまま落ちて，頭を強く朝礼台の足にぶつけて，気を失ってしまいました。病院に運ばれました。幸いにも，脳しんとうと診断され，2～3日の通院ですみました。

> 先生たちは，どんな対策を講じたでしょう？

T　5年前の朝礼台は，今よりも20センチも高く，こんな高さだったのです。〔昔の高さを再現し，その時の様子を想像させる〕。とても怖いでしょう。先生たちは，2度とこんな事故が起きないようにするために，朝礼台の高さを低くすることにしたのです。Aくんの事故が起こってから，今まで，ここではもう事故は起きなくなりました。

　　　環境の改善　　（板書）

T　この朝礼台のように，学校内に，みんながけがをしないように工夫してあるところがあるはずです。

> いまから休み時間をはさんで，次の時間が始まるまでに個人個人で"現場"へでかけて，確かめてきてください。チャイムがなったら教室に集合してください。

C　〔次の時間の開始ベル。再び教室に全員集合している〕
T　どこのどんなところに工夫がしてあったかな。発表してください。
C　発表（省略）。
T　〔工夫箇所を黒板の校内地図に書き入れる〕
T　学校の中には，みんながけがをしないように，たくさんの工夫がしてある

ことがわかりました。この教室の中にも工夫してあるところがたくさんありましたね。

> いま見てきたようなところを参考にして、もう一度、最初に「現場検証」を行った場所にグループ単位ででかけます。
> 同じような事故が起きないようにするための工夫として環境をどう改善したらよいか意見をまとめてきてください。
> 制限時間は20分。教室にもどったらすぐに、リーダーは黒板に意見を記入してください。

T 〔その間に、校区地図をはずし、現場写真だけが黒板に残っているようにする。また、それぞれに「現場検証（前）」「現場検証（後）」の欄を設けて、前者には、発言を整理して板書しておく。後者はもちろん空欄にしてある〕
C 〔20分経過。すべてのグループが戻ってきている。リーダーは黒板の空欄に意見を記入している〕
T 黒板に注目。1つ1つ検討していきます。「他にも、こんな工夫ができるよ」というアイディアがあったら、どんどん言ってください。
C 一輪車置き場の上の段に一輪車をかけるのは、高学年のぼくたちでも大変だから、もっと高さを低くするといい。
C 廊下の見にくい曲がり角には、道路みたいにカーブミラーをつけたらいいと思います。
C 賛成。〔他にもたくさんのアイディアが出された〕
T 環境を改善するためのたくさんの工夫が考えられました。
　きょうは、学校の中で起きるけがには、いろいろな原因があることがわかりました。そして、事故によるけがを防ぐには、「気をつける」ことはもちろん大切だけれど、事故を起こさないようにするために「環境の改善をする」という工夫もできることを知りました。
　これからは、危険な場所を見つけたら、保健委員や先生に教えてください。みんなはこの学校の安全パトロール隊です。今日の学習を生かして、力を合わせて「事故のない学校」をつくっていけたらいいなと思います。

② "交通事故のない街"を創る

(小学校5年生)

　本授業プラン「"交通事故のない街"を創る」は，単に「交通事故に遭わない方法」を学ばせるのではなく，交通事故にかかわる環境要因に気づかせ，それらを除去する方法原理を学ばせることによって，「交通事故が起こらない社会を創るための知恵」を育てることをねらいとしています。

① "交通事故のない街"を創る（Ⅰ）

　交通事故死の"現場検証"を踏まえて，2度と同じような事故が起こらない方策を追究させ，車のスピードを抑制するためのアイテムの存在とその効用に気づかせる。さらに，仮想の街（地図）で，アイテムの効果的な活用法を学ぶ。

② "交通事故のない街"を創る（Ⅱ）

　校区の地図を用いて，子どもたち（歩行者）の立場で"交通事故のない街"づくりに挑戦させる。第1時の"応用問題"。

③ "交通事故のない街"を創る（Ⅲ）

　既製のアイテムだけでなく斬新な方法も取り入れさせ，グループ対抗で「交通事故のない街」づくりのアイディアを競わせる（演説会と投票）。

　モデルとなった授業は，1995年12月7日，1995年12月15日の2回にわたって岐阜市立長森西小学校5年生を対象に行ったものです。授業者は，牧野慶子さん（当時，岐阜大学教育学部4年生）。

　本稿では，（Ⅰ）（Ⅱ）の授業プランを紹介します。

★初出は，『学校体育』（1995年8月号および1996年7月号，日本体育社）

◇シナリオ「"交通事故のない街"を創る（Ⅰ）」

T 〔子どもたちを黒板の前に集め，花の写真（略）をはる〕

> これ，何か知っていますか？

C 交通事故で亡くなった人のところにある花です。
T そうですね。これは死亡事故現場にあった花です〔死亡事故現場の看板を含んだ写真をはる〕。【写真①】
　その時の事故の新聞記事があるので聞いてください。〔新聞記事を読む〕

> 9月15日　火曜日　午後5時30分頃K子さん（10歳）が車にはねられ死亡しました。車の運転手は，「突然自転車が出てきてブレーキを踏んだけれど間に合わなかった」と話しています。

T 〔読み終えたら黒板にはる〕

> ここが事故の起こった場所です。〔現場の写真を見せた後，黒板にはる〕
> ここでK子さんはどのような事故に遭ったか考えてみましょう。【写真②】

●写真①
「これは死亡事故現場にあった花です」

写真②●
「ここが事故の起こった場所です」

C　意見発表（略）
T　実は，この道からK子さんは出てきて，こちらからきた車にはねられてしまいました。

> これはとても悲しい事故ですね。今日は，どうしたらK子さんのような交通事故が防げるか勉強していきます。〔"どうしたら二度と事故が起こらないだろう"と板書する〕

T　どうしたらK子さんはこの場所で事故に遭わなかっただろう。
C　左右確認していればよかったと思います。
C　きちんと止まっていればよかったと思います。
T　そうですね。そうかもしれませんね。K子さんは事故に遭わなかったかもしれませんね。

> どうすれば，この場所で同じような事故が起こらないようにできるでしょう？
> 　今からグループに戻って考えてもらいます。
> 　班長は写真を持っていって下さい。考える時間は2分間です。
> 　ヒント。この道は，K子さんだけでなく小さい子どもやおじいさんおばあさんも通ります。

C　〔グループで相談する〕【写真③】
C　信号があるといいです。
C　看板があるといいと思います。
C　交差点の真ん中にピカピカ光るものがあるとそこに交差点があることがわかります。
T　〔子どもの意見を板書する〕【写真④】
T　これでこの場所でK子さんのような事故が起こらないといえますか。
　止まって左右確認するのはとても大切なことだね。いつも止まって確認しないといけないけど，小さい子は，いつも気をつけていることは難しいね。

"交通事故のない街"を創る —— 73

写真③
グループで相談する子どもたち

写真④
子どもの意見を板書する教師

止まって左右確認することだけでは，二度と事故が起こらないとはいえないね。

　自分が手をあげて渡っていても運転手が気づいてくれなければ事故に遭ってしまいます。信号も，青だから大丈夫だと思って渡ると，人が来ないと思って勢いよく曲がってきた車にひかれてしまうかもしれないね。

　ピカピカ光るやつはどうだろう。これも運転手が気づいてくれなければ事故に遭ってしまうね。みんなが出してくれた意見だけでは二度と事故に遭わないというのは難しいね。

　じゃあ，どうしたらいいだろう。何かあるかな？

T　ここに歩道橋を置いたらどうだろう。
C　車とは絶対にぶつからない。
T　そうだね。きちんと歩道橋を渡れば，この場所では二度と事故は起こらないね。〔歩道橋（図①）の絵を見せ，写真の上にはる〕
T　〔地図を黒板にはる〕ここがK子さんが事故に遭った場所です。この町には，この場所以外にも歩道橋を作った方がいい所があります。

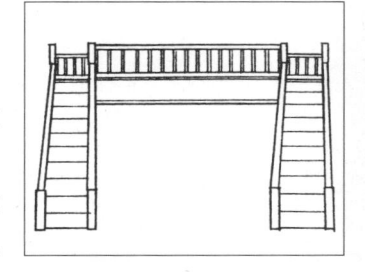

図①　歩道橋のアイテム

74——第2章　〈シナリオ〉形式による保健授業プラン

> あなたがこの町の町長さんになって，二度と事故を起こさないためにこの町に歩道橋を作ろうと思います。どこに作りますか。グループで話し合って考えがまとまったグループから前に置いてある歩道橋（図①）を地図にはりに来てください。班長さんは地図と歩道橋を取りに来てください。

C 〔グループで相談する【写真⑤】〕

⬅写真⑤
グループで相談する子どもたち

写真⑥➡
意見発表する子ども

T どうしてそこに歩道橋を作ったか発表してもらいます。
C 意見発表（略）【写真⑥】
T でもこんなに歩道橋があったらどうだろうか。歩道橋というのは，階段を上って下りないといけないですね。ここは誰でも通る道でした。たとえば，おばあさんだと上り下りが大変だからと歩道橋を渡らないかもしれないし，みんなの中にも急いでいたりすると渡らない子が出てくるかもしれませんね。
　でも，車の運転手は人が来るとは思わないのでスピードをゆるめずに走ってくると思います。するとどうでしょう。もしかすると事故に遭ってしまう

かもしれません。
T　そこで先生は5つのアイテムを見つけてきました。1つめはこれです。〔旗を持ったおじさんの写真を見せて〕知っていますか？〔といって黒板にはる〕
T　そうですね。このおじさんは，通学時間に車が入れないように立っていたり，車と人がぶつからないように車を止めていたりしてくれます。
T　2つめはこれです。〔植木の写真を見せてから黒板にはる〕
T　これは，このように立っていて，車がジグザグに行かなければならないようにしています。こうなっているとどうなるでしょう。
C　1回ずつ止まります。
T　そうですね。この植木があるとスピードを緩くします。
T　3つめはこれです。〔鉄柱の写真を見せてから黒板にはる〕
T　実は，このようなところで使われています。車の幅とぎりぎりなのでぶつからないか心配でスピードが遅くなります。
T　4つめはこれです。〔ハンプの模型を見せる〕
T　車がスピードを出しているとどうなりますか？
C　はじかれると思います。
T　じゃあ，どうなるか見てみましょう。〔車の模型を勢いよく押す〕みんなが言ったようにはじかれてしまいましたね。じゃあ，これを渡るにはどうしなければいけないですか。
C　それの前にスピードを落として渡らなければいけません。
T　そうですね。こうなるんですね。〔ゆっくり車の模型を進める〕これはこのようにして使っています。〔といってハンプの写真を見せる〕
T　5つめはこれです。〔車止めの写真を見せる〕これは歩行者天国など車が入ってほしくないところに置きます。

今からこの5つのアイテムを使って，この町を2度と事故のない町にしましょう。【写真⑦】

T　班長さんは前に5つのアイテム（図②）を取りに来てください。グループで話し合って下さい。

鉄柱　　ハンプ　　おじさん　　車止め　　植木

図②　5つのアイテム

写真⑦
「この5つのアイテムを使って，事故のない町にしましょう」

写真⑧
意見発表する子ども

C　〔グループで相談する〕
T　1つめのアイテムはどこに使いましたか。理由も一緒に言って下さい。
　〔以下，1つ1つのアイテムについて，グループのアイディアを発表させる〕
C　学校の前や交差点にあるといいと話し合いました。【写真⑧】
T　二度と事故の起こらない町づくりができましたね。今日勉強したことを自分たちの町でも使って，安全な住みよい町にしていきたいですね。
　次の時間は自分たちの町，○○町が，K子さんの町に負けないよう，安全な町づくりをしていきたいと思います。宿題です。自分の通学路や家の近くで，5つのアイテムを使いたい場所を見つけておいてください。

"交通事故のない街"を創る

◇シナリオ「"交通事故のない街"を創る（Ⅱ）」

T 〔校区の地図（事前に子どもたちが危険だと感じている場所をアンケートにとり，その場所を含んでいる）をあらかじめ黒板にはっておく〕

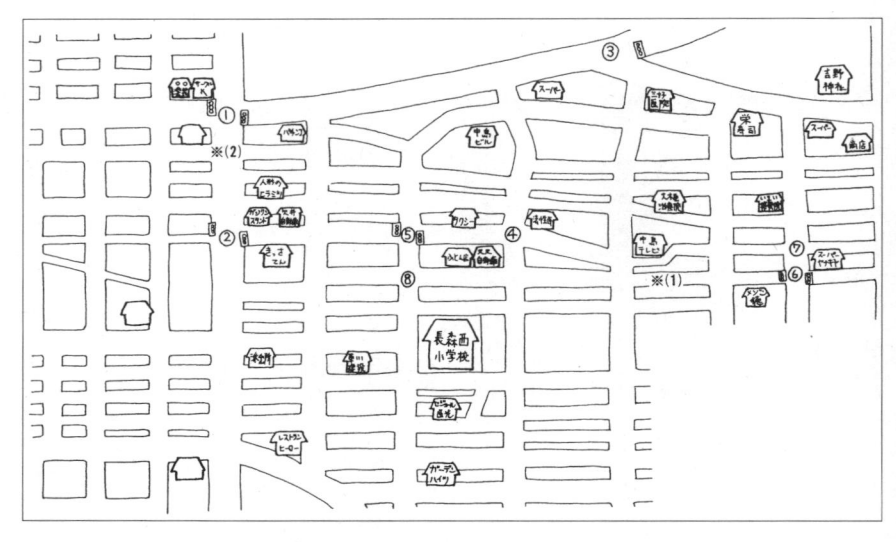

校区の地図

T この地図，どこの地図かわかりますか？
　これはみんなが生活している学校の周りの地図です。

〔通学路のマーク（標識）の写真を見せ〕このマークを見たことはありますか？【写真①】

●写真①
「このマークを見たことはありますか？」

写真②●
「歩行者用道路を示すマークです」

T　これは"この道が通学路ですよ"っていうマークです。

> このマークの下に，ある言葉が書いてあるのを見つけました。全部に書いてあるわけじゃないから見たことのない人もいるかもしれないね。何が書いてあったか，覚えている人？　ヒントはカタカナで7文字です。

C　スクールゾーン！
T　今，誰かが言ってくれました。スクールゾーンと書いてあります。でも，スクールゾーンって何かよくわからないね。
　　これをみてください。【写真②】スクールゾーンって書いてある看板の近くには，このマークも一緒に立っています。この下を見て下さい。歩行者用道路とあって，「7:30〜8:30，13:00〜15:00（日，休日を除く）」と書いてあります。

> これって，なんの時間かな？

T　日，休日は学校がお休みだからなしで，学校がある日のこの時間は，歩行

"交通事故のない街"を創る──79

者と自転車の専用の道になるっていう印なんです。
　スクールゾーンっていうのは，みんなが安心して学校に来られるように危険な車からみんなを守る歩行者用道路のことです。だから，"車は入っちゃいけませんよ"っていう意味があるんだよ。この辺では学校の西の道300メートルくらいが，歩行者用道路になります。【写真③】

◉写真③
「ここが歩行者用道路になります」

写真④◉
「第8位はここ。学校北の交差点でした」

T　もう一つ先生が調べてきたことがあります。みんなが登校してくるぐらいの時間帯7時30分～8時30分に，車の交通量を8カ所調査してきました。車が比較的よく通りそうなところで調査しました。その，第8位はここ，学校の北の交差点でした。【写真④】第7位はここ。ヤナギヤの北の交差点。6位から4位まではってみます。［6位，5位，4位をはる］
　こういう結果でした。
T　さて，問題です。

　　ベスト3はどこだったでしょう？

C どこかな？
T 周りの子と相談してみましょう。〔1分間，相談時間をとる〕【写真⑤】
T さて，どこでしょう。
C サークルKの前。
T サークルKの前は…〔と言って，車の台数を書いた紙をはる〕第1位でした。1時間に2291台も通っていました。2位と3位は？
C 電車どおり。
T そうです。電車どおりの三叉路です。1201台通りました。
C どこ？わからん。
T ここ，ゲームセンター横の交差点が2位。1786台通りました。
T 問題です。

> 校区（78頁）の地図を見て下さい。車がここ（※1）にいるとします。
> 時間はみんなが登校してくる7時30分〜8時30分くらいとします。この車は，どこを通ってこの道（※2）に出ると思いますか。

T だれか「ぼくならここを通るよ」とか「うちの人はここを通ると思うよ」って車を動かしてくれないかな。
C ぼくならこの太い道をこうやって通ると思うよ。【写真⑥】

◉写真⑤
　相談する子どもたち

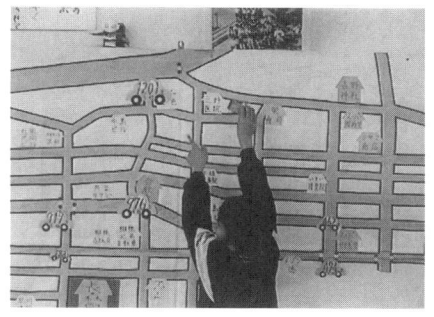

写真⑥◉
「ぼくならこうやって通ると思うよ」

"交通事故のない街"を創る──81

C　私なら近い道から中の道を通って，この辺に出ると思う。

C　私は，この道は朝混んでいるから，ちょっとぐにゃぐにゃするけれど，こうやって通ると思う。

T　今，"ここのスクールゾーンを横切って通るよ"っていう人がいたね。でも，さっきスクールゾーンは車が入らないっていったよね。横切ったりするのはいいのかな？

T　スクールゾーンは決められた時間中は横切ってもいけません。警察に見つかったら，捕まります。でも，朝とか横切っていく車がいるよね。【写真⑦】

T　今から，この前の授業で使った5つのアイテム（77頁）を配ります。

　5つのアイテムをこの町に置いて，交通事故のない町にしましょう。
　グループごとにどこに置くか，相談して決めて下さい。

T　時間は10分ね。始めてください。

C　〔グループで相談〕

T　はい，やめ。おへそを前に向けて先生の話を聞いてください。
　アイテムをどこに置いたか1つずつ聞いていきますね。
　ハンプはどこに置いたかな。1班から順番にハンプを置きにきてください。

C　〔ハンプのアイテムをはりにくる〕【写真⑧】

◉写真⑦
「スクールゾーンを横切る車がいるよね」

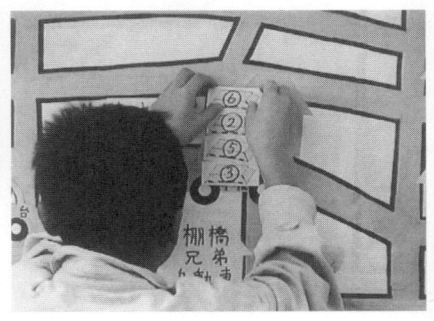

写真⑧◉
ハンプのアイテムを貼りに来る子ども

C 〔以下，車止め，植木，おじさん，鉄柱のアイテムを順に1つずつはっていく〕
T 北の信号のところは多いね。香厳寺のところとヤナギヤのところもいくつか固まっているね。【写真⑨】
　北の信号のところは3つのグループが置いたけれど，使っているアイテムは違うね。2班はハンプを置いたんだね。どんないいことがあると思ったのか，前に来て説明してくれるかな？
C 車が絶対スピードを落とすから。
T 5班はどうして通行止めを使ったのかな？
C さっき，スクールゾーンは入ってはいけないって言ったから入れないように置きました。

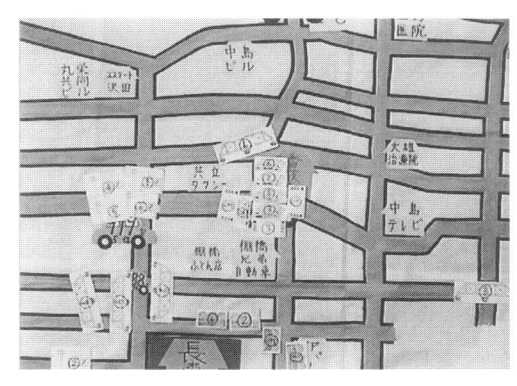

↑写真⑨
アイテムを使った"交通事故のない街"

T なるほど。ヤナギヤのところにおじさんを置いた3班はどうしてかな。
C おじさんがいたら，危ないとき教えてくれるから。
T 4班はハンプにしたんだね。どうして？
C 壁とかあって見えなくても，スピードをゆっくりにして通っていけば，ぶつからないと思うから。
T 先生，警察に行って事故があった場所も調べてきました。
　ここ，それからからここも〔といって，バツ印をはっていく〕10カ所も事故がありました。
　ヤナギヤのところも事故が起こっていました。なぜ，この10カ所で事故が起こってしまったんだろう。
C 安全確認をしていないから。
C スピード出して走っているもの。

"交通事故のない街"を創る——83

C　ヤナギヤのところは壁があって見えにくい。
T　ヤナギヤのところの道の太さはどう？
C　細い。車とか，すれ違うの大変そうだよ。
T　ヤナギヤのところみたいに，道が細いところや壁があるところは，5つのアイテムを置くだけで安全になるかな？
C　ならないよ。
T　どうすればいいのかな？
C　道が細いところは太くする。
C　壁とかで見にくいところは…壁を壊す！
T　こんなふうに，安全な交通環境をつくる方法はいろいろあるんだね。

> 　次の時間は，5つのアイテム以外の方法も使って，今日作った町よりももっと安全な町を考えてみよう。
> 　グループで考えてもらいます。自分たちのグループが1番いいよ，という町を考えてね。作ってくれた町のよさをグループの代表に演説してもらいます。

T　今から，グループの代表を決めます。班長じゃなくていいよ。相談する時間は2分間です。
C　〔話し合う〕
T　演説することになった人は立って下さい。
C　〔各班から6人が起立する〕
T　この6人に決まりました。グループのみんなで協力して，安全な町づくりをしてくださいね。
　演説時間は2分にします。演説のあと質問の時間を作ります。質問されたら答えられるようによく考えてきてください。
　来週の最後には，どの班の演説がよかったか投票をするからね。どのグループも，"ベスト1"に選ばれるのをめざして安全な町づくりを考えてきてください。楽しみにしています。

③ "バリアフリー"社会を創る
(小学校6年生)

「バリアフリー」という言葉を耳にしたことはないでしょうか？

　日本では，「"共用品"の開発」という形で，バリアフリーが進められつつあるようです。

　例えば，テレフォンカードや電話機のプッシュボタンなどに見られる工夫がそれです。カードにつけられた半円形の切り込みや，「5」のボタン上のポッチは，目が不自由な人でなくても，暗い場所での利用に役立ちます。

　つまり，"共用品"開発のコンセプトは，「障害者」にとってのバリア＝障壁を取り除き，社会参加を保障していくというだけではなく，すべての人間が自由にコミュニケーションできる社会を実現していこうとするところにあるのです。そして真に「すべての人間が自由にコミュニケーションできる社会」を実現するためには，"心のバリア"を取り除いていくことが求められます。

　21世紀を生きる子どもたちに，小学生時代の最後の保健授業で，バリアフリーを取り上げたのはそうした理由からです。

　本稿では，「バリアフリー」を主題にした授業プランを紹介します。

　モデルとなった授業は，1998年6月19日，兵庫県赤穂市立尾崎小学校の6年生を対象に行われたものです。授業者は，筆者。

★初出は，『学校体育』(1999年6月号，日本体育社)。

◇シナリオ「"バリアフリー"社会を創る」

〔座席は，4人グループ。全員おへそを正面に向けて座っている。図①，図②を少し時間をおいて，順に提示し黒板に貼る〕

図① 　　　　　　図②

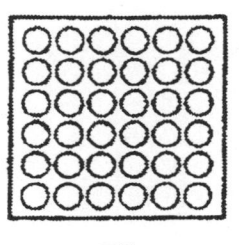

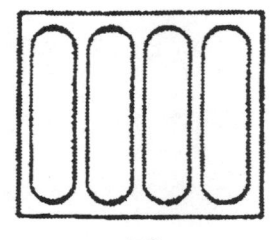

> どこ（場所）で，見ましたか？
> 　ヒント，「道路標識」です。ただし，道路に埋め込まれています。グループで相談して，その「場所」を2つ「固有名詞」で挙げてください。時間は1分間。

C　赤穂駅のホーム。駅の構内にもあった。
C　さくら銀行の前。
T　点字ブロックといいます。図①が「点ブロック」，図②が「線ブロック」。それぞれ，「止まれ」「進め」を意味する"標識"なのです。
T　点字ブロックは，何色でしたか？
C　黄色。
C　ぼくが以前住んでいたニュータウンと言われる団地の道路には，白や緑色のものがあったような気がする。
T　アイマスクをつけて，1人で電車に乗ることを想像してごらん。危険だよね。目の不自由な人が外出するというのは，とても不安なものにちがいありません。そこで，安全な歩行を確保するために，街にはさまざまな工夫がされているのです。
T　「黄色」はよく目立つね。視力の弱い人でも見つけやすい。「白」や「緑色」はどうだろう？
C　道路に調和されていて，きれいだけど役に立たない。
C　銀行の前なんて，自転車がずらーっと並んでいる。ぼくは今日はじめて知ったんだけど，大人もみんな知らないんじゃない。

T　そうだね。もっともっと宣伝していかなくてはね。それに，まだまだ改善の余地がありそうです。

> 今日は，「目の不自由な人」の世界に目を向け，誰もが安心して暮らせる社会を実現していくために，自分たちができることを一緒に考えていきましょう。

〔緑色の公衆電話機の絵を黒板に貼る〕

◉写真①
「受話器を置くと，テレフォンカードが戻ってきた」

写真②◉
「テレフォンカードには"仕掛け"が施されているのです」

T　先生が通勤している岐阜駅構内の点字ブロックを歩いていたら，これに気が付いた。電話ボックス。ちょうどそこに白い杖をもった人がいて電話していた。受話器を置くと，テレフォンカードが戻ってきた。【写真①】ということは「入れた」ということでしょう。

"バリアフリー"社会を創る——87

> どのようにして表と裏，入れる方向を判断したのでしょう？　ヒント。テレフォンカードには，"仕掛け"が施されているのです。【写真②】グループで相談。1分間。

C　カードについている切れ込み？

> いまからグループに封筒を配布します。中にカードが8枚ずつ入っています。"切れ込み"を確認してみよう。

C　「105度」のカードは1つ。「50度」には2つ。どちらも左寄りにある。
C　「50度」なのに1つしかついていないカードもあるよ。昔は，区別がなかったのかな？
T　いいことに気づいたね。〔図③を提示〕

◆図③

写真③◆
「2人1組になって実験してみよう」

　これが，日本で最初にできたテレフォンカードです。1982年，いまから20年ほど前に発行されました。よくみると，切れ込みがないでしょう。この頃は，目の不自由な人の存在は，完全に忘れられていたのですね。ちなみに，カードに切れ込みが入ったのは，その3年後の1985年。50度と切れ込みで区別できるようになったのはその3年後以降のことのようです。

2人1組になって，正しく挿入できるか実験してみよう！【写真③】

〔封筒（十円玉，百円玉が各4個入っている）を各グループに配布〕

まず，目を閉じて，十円玉と百円玉を当ててみよう。

C　ギザギザがあるのが百円玉。ないのが十円玉。「ギザじゅう」は区別できない。

T　その通り。いまから40年くらい前までは十円玉にもギザがありました。実は，お札にも仕掛けがあるのです。

〔千円札，5千円札，1万円札を提示〕【写真④】

T　誰か前に出てきてもらい，アイマスクをしてもらいます。いずれか1枚のお札を手渡します。触れただけでズバリ当ててください。

　　誰か，「我こそは……」という人？

〔教卓の前で実験。子どもたちは判断しかねている〕

〔各グループに千円札を1枚ずつ配布〕

◆写真④
千円札，5千円札，1万円札を提示

T　お札の裏（2羽の鶴）の右下の部分にやさしく触れてみてください。わずかな出っ張りを感じませんか？

5千円札，1万円札はどうなっているでしょう？予想してみよう。

C　ポッチの数が違う？

T　そうです。数だけでなく，その並び方がそれぞれ違うのです。1万円札に

"バリアフリー"社会を創る——89

は横に2つ，5千円札には縦に2つ。でも，こんな仕掛けはいま使われている夏目漱石や新渡戸稲造や福沢諭吉の図柄になってはじめて採用されたもので，それまではなかった。1984年，カードと同じ頃。15年前。目の不自由な人は，長くお札を自分の力で区別して使うことができないまま放置されていたということだね。

C　でも，カードよりも難しそう。それに，使っているうちにペッタンコになってしまわないかな？

T　いいところに気づいてくれたね。そこで，目の不自由な人がこの「ポッチ」に頼らないでもいいようなグッズを開発したというニュースを耳にしたことがあります。

> どんなグッズでしょう？
> ヒント。お札は縦の長さは同じだが，横は高額紙幣ほど長い。

C　財布？　お札入れの部分を長さを3段階にした財布をつくった。

T　正解。まだまだ，あるよ。毎日新聞の記事（1998年11月22日　朝刊）を紹介します。

> 目の不自由な人のために
> 　　　　　紙幣識別ボールペン
> 　神奈川の弁当店経営者が考案
> 　　　　　福祉施設や作業所などで販売

T　こんなふうに，不便さに気づいた人がアイディアをだしていくことで，改善されていくんだね。これもその例です。
〔シャンプーとコンディショナーのボトルを提示〕【写真⑤】

T　実験してみます。アイマスクをしてもらいシャンプーをあててもらいます。誰かやってくれる人？　【写真⑥】
〔3回連続で見事に当たり。拍手喝采〕

T　すばらしい！　仕掛けを，みんなに教えてあげてください。

●写真⑤
シャンプーとコンディショナーのボトルを提示

写真⑥●
「実験してみます。誰かやってくれる人？」

C　シャンプーのボトルの横にキザミが何本も並んでいるので，触ればわかる。
T　よく知ってたね。聞きます。「私のシャンプーもキザミがついているよ」という人？（少数，しかも自信なさげに挙手している）
T　家で確かめてみてください。シャンプーの裏側に「横のキザミがシャンプーのしるしです」とちゃんと書いてあるよ。説明を読んでいないようだね。
T　これも昔はなかった。初めてこれを採用したのは，花王というメーカーのエッセンシャルシャンプー。1991年秋以降のことです。目の不自由な妹さんをもつお兄さんからの１通の投書がきっかけで実現したんだそうです。これも，気づいた人が提案すれば社会は変わっていく例です。もっとも，2，3年のうちに10数社が採用しましたが，まだやっていないメーカーもあります。コンビニで確かめてみてください。
T　電話に話を戻します。カードの工夫だけでは電話はかけられません。

　目の不自由な人が電話をかけられる工夫が電話機にもしてあります。相談して，２つ挙げてみてください。１分間。

"バリアフリー"社会を創る──91

C　プッシュボタンの「5」の位置にポッチがある。
P　点字で説明がしてある。
T　その通り。キーの位置は，「5」の上のポッチが教えてくれます。配列（計算機とは異なる）を記憶していれば他のキーの位置を知ることができるように工夫されているのです。

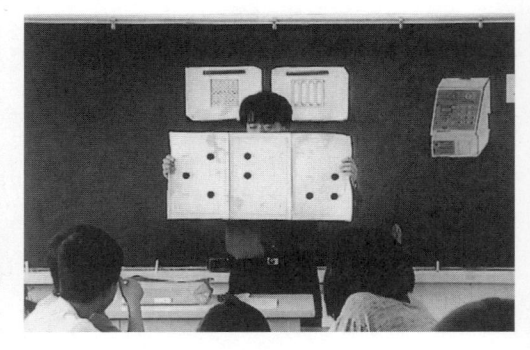

●写真⑦
「「点字」と言います」

T　〔図④を提示〕「点字」と言います。【写真⑦】公衆電話で実際に確認してみよう。

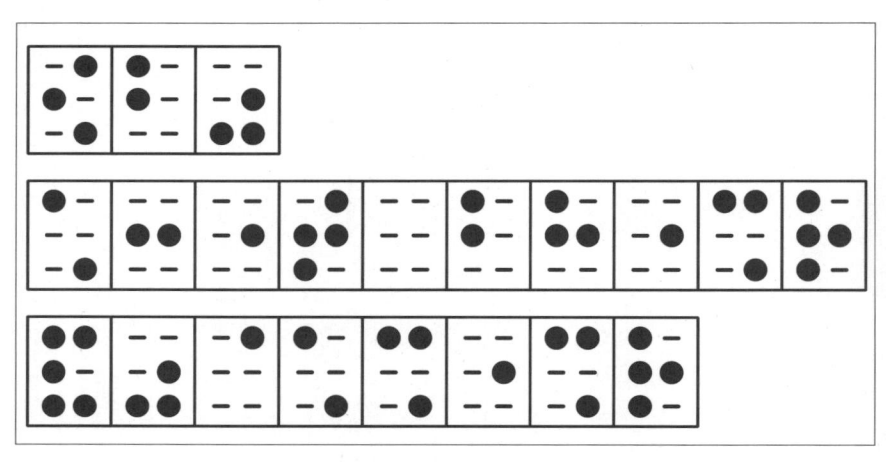

図④（順に「コイン」「カード入口」「返却口」）

T　点字について興味をもった人は『点字のひみつ』（全5巻，東京教育技術研究所，田中ひろし著）を読んでみてください。
　　このように，点字ブロックやカードの切れ込み，「5」やお札のポッチ，シャンプーのギザギザ，公衆電話の点字など，目の不自由な人が安心して暮らせるための工夫がひろがってきています。

> その他に,「こんなのもあるよ。こんなのもそうだよ」というのがあったら教えてください。

C　カセットテープのA面とB面。
C　駅に点字の運賃表がある。
C　階段の手すりにも点字がつけられている。
C　お父さんが飲んでいる缶ビールやお酒のふたにも点字があったような気がする。
T　いっぱい知っているんだね。

> もっとこんな工夫をしたら,目の不自由な人も一緒に楽しめる,社会参加ができる,というアイディアをグループで話し合ってみよう！

C　カードに点字のついたトランプだったら,一緒に遊べる。
C　商品に点字シール（商品名,値段）を貼れば,買い物ができる。
C　一緒にカラオケしたいから,点字の歌詞カードがあるといい。
C　工夫じゃないけど,わたしたちが道をたずねられたときとか,どうやって説明したらよいか知りたい。
C　遊んだことないから……。交流する機会があるといいなあ。交流会をする,というのが工夫。
T　そうだね。工夫は物にとどまらないね。むしろ「心の問題」が大事かもしれない。いいことに気づいたね。
T　〔黒板に「バリアフリー」と書いたカードを貼る〕

　　　バリアフリー

T　一緒に読んでみましょう。バリアー＝障壁を取り除いて,誰もが過ごしやすい社会を創っていこうする考えをあらわしています。
　でも,いろんな工夫がされていてもみんが知らなかったり,気づかなかっ

たりしたら，点字ブロックの上の放置自転車のようになってしまいます。

また，人によって障害も様々です。だから，ある人にとっては「工夫」であっても，ある人にとっては「バリア」になってしまう，ということもあるはずです。

例えば，車椅子で移動をしている人がいます。この人たちにとって，あの点字ブロックのデコボコは心地よいものではないようです。

◉写真⑧
「"誰もが使いやすい，生活しやすい"環境を新たに創り出していくことも大切です。」

逆に，歩道橋は車椅子の人にとってはバリアですが，目の不自由な人にとっては，車から身を守ってくれるガードとして歓迎されています。

大切なのは，この社会にはいろんな人間が一緒に生活しているということを忘れないことです。自分の立場からだけで発想するのでなく，「その人の身になって」考えることが必要です。そのために，「積極的に交流の場をつくる」というアイディアはすごく大事だね。

テレフォンカードの切れ込みもお札のポッチもシャンプーのギザギザも，はじまってからまだ10年から15年くらいのものです。バリアフリーに向けての動きは，はじまったばかりなのです。

バリアを除去するだけでなく，「誰もが使いやすい，生活しやすい」環境を新たに創り出していくことも大切です。【写真⑧】

そのためには，障害をもった人，妊婦，乳幼児を育てている人，高齢者など，様々な立場の人間が対話し，活発な意見交流をおこなっていくことが不可欠です。

君たちが主人公の21世紀にはバリアフリーが大きく前進することを期待します。

④ 短歌で学ぶ，思春期の"恋心"

（中学校2年生）

　「思春期における異性への関心」をテーマに授業をしていて，気が付いたら男女交際の"あるべき姿"をお説教していた，ということはありませんか？　そんな授業，生徒はシラケてしまいます。本当は，興味津々。異性の気持ちを知りたいはずなのに，です。

　そこで考えたのが，《恋の三十一文字》。詠み手は，身近な"恋のアドバイザー"であるべき先生方にお願いしました。これを百人一首の要領で上の句と下の句を正しく組み合わせていくのです。

　授業者（筆者）の失恋体験も教材に……。中学3年生のとき密かに思いを寄せていた後輩（中学2年生）からもらった初めての手紙。"ラブレター"と思いきや，実は"恋の人生相談"。親友M君とのデートの様子が手に取るようにわかる文面にショックを受けた私。「そんな私に代わって，"最良のアドバイス"を……」という展開です。

　校長先生はじめ身近な先生方が三十一文字で自らの青春時代を語る，というのが生徒たちをひきつける大きな要素であることは疑いありません。

　もちろん"体験"がなければフィクションでもいいのです。「こんな恋をしてほしい」「大いに悩みなさい。失恋も人生の肥やしだ」「人を好きになるっていいもんだよ」……そんな熱いメッセージを生徒たちは待っているにちがいありません。

　モデルとなった授業は，筆者が，静岡市立観山中学校2年生（38名）を対象に，1996年6月17日におこなったものです。

★初出は，『楽しい体育の授業』（1996年8月号，9月号，明治図書）

◇シナリオ「短歌で学ぶ，思春期の"恋心"」

〔座席は男女混合のグループで島型になっている〕

T　おへそをこちらに向けてください。〔上の句の書かれたカードを提示〕
　　一緒に読んでみてください。

家族には犬の散歩に行くと言い

T　〔黒板に上の句を貼る〕上の句といいます。続いて，これ〔下の句のカードを貼る〕下の句といいます。一緒に読みます。

握りしめてる××××××××

> "恋の短歌"です「××××××××」の7文字には何が入るだろう？
> 相談はじめ。時間は30秒。

C　「彼の写真」
C　「映画のチケット」
C　「彼への思い」　etc.
C　〔それぞれの解釈を交流する。"迷"解釈に，教室は爆笑〕
T　正解は……。〔胸から，"実物"を取り出しながら〕ジャーン！

　　握りしめてる　テレホンカード

T　みんな一緒に上の句から下の句まで三十一文字を通して読んでみよう。

> 　問題です。この短歌は，男の子の気持を詠んだものか，女の子の気持ちを詠んだものか？
> 　グループで，相談してみてください。1分間。【写真①】

写真①
「男の子の気持ちを詠んだものか，
女の子の気持ちを詠んだものか，
どっちかな？」

写真②
楽しそうにグループで話し合う子どもたち

T 男の子だと思う人，拍手！
C 〔男子も女子も拍手している〕
T 女の子だと思う人，拍手！
C 〔男子も女子も拍手している〕
T 男子も女子も，どちらも"こんな気持ち"に共感できる，ってことかな？

"こんな気持ち"って，どんな？　グループで相談。1分間。【写真②】

C 家で電話すると，話したいことも話しにくいし……。そこで，「犬の散歩に行ってくる」ことにすれば，変に勘ぐられないでゆっくりと彼（彼女）に電話できる。「握りしめてる」というのが，なんか相手への思いの強さを表現している気がする。
C 〔「オーッ！」という歓声。拍手〕
C 電話してると「誰だろう？」なんて，親は心配するでしょう。血圧が上がるといけないから……。親への配慮。「嘘も方便」ってやつかな？
T なるほど，君たちもけっこう気を遣ってるんだね。

短歌で学ぶ，思春期の"恋心"——97

C　でも，公衆電話じゃなくても，勉強部屋で子機を使ってかければ大丈夫。
T　それにしても，「恋をすると，人は誰もが詩人になる」って言うけれど，本当だね。そんな"詩人"たちの作品を紹介します。
　　実はこれ，みんなの学校の先生方が，青春時代の恋愛体験を思い出して詠んでくれたものです。ただし，作者不詳（匿名）です。

> 9つあります。まず下の句から紹介します。一緒に読んでみましょう。

> ア　そっと座ったあの娘（こ）の席に
> イ　私は2年　あなたは3年
> ウ　「好きです」と言ったら
> 　　　　　　　　「私　母です」
> エ　ふと気がつくと　家の前
> オ　彼の苗字とくっつけてみる
> カ　私の気持ち　はやく気づいて！
> キ　朝露の道　走らせる自転車
> ク　見つけてホッとする
> 　　　　　　　　君からの年賀状
> ケ　「おはよう」と言って
> 　　　　　　　　あといちもくさん

＊マグネットのついた画用紙のカードを1つずつ貼り，一緒に読んでいく。
　短歌はグループの数より多めに用意するとよい。

C　〔生徒たちは場面を想像しては，爆笑している〕
T　問題です。

> 　グループで，「これなら上の句が予想できそうだ！」と思うものを1つ決めてください。
> 　決まった班から，班長さんが1枚だけ上の句（カード）を取りにきてください。早い者が優先です。

●写真③
「下の句です。一緒に読んでみましょう」

写真④●
我先にと,下の句を取りに来る子どもたち

C 〔黒板の前に我先にとやってきて１枚ずつ取って戻っていく【写真④】〕
T いよいよ上の句の発表です。順不同です。１つずつ読みながらいきます。一緒に声を出して読みましょう。〔マグネット付きの画用紙カードを１つずつ貼る〕【写真⑤】

①あの人が学校休むと心配で
②あと９カ月　いい思い出作るんだ！
③「○○が好き」と
　　　　　ノートいっぱい書き綴る
④あの人と同じ空気を吸いたくて
⑤通学路　偶然のふりを装って
⑥「もしもし」と
　　　　　勇気を出してかけたTEL
⑦誰もいない放課後の教室に一人いて
⑧郵便の気配におどるわが胸に
⑨学級の名簿をそっと切り貼りし

＊紹介した"恋の短歌"は,一部を除いてすべて静岡市立観山中学校の先生方の作品です。ちなみに正解は,「①－エ」「②－イ」「③－カ」「④－キ」「⑤－ケ」「⑥－ウ」「⑦－ア」「⑧－ク」「⑨－オ」です。

黒板の上の句のカードの下に，下の句のカードを貼ってもらいます。1班から順にいきましょう。貼り終えたら，班員全員で気持ちを込めて読み上げてください。【写真⑥】

◉写真⑤
「上の句です。一緒に読んで下さい」

写真⑥◉
下の句を黒板に貼りに来る子どもたち

C 〔次々に完成していく〕
T すばらしい。全部……正解です。よくわかったね。
T 〔突然，胸のポケットから封筒を取り出す。表書きの宛名と裏面の差し出し人を生徒に提示する〕先生が，中学3年生の時のことです。「H江さん」は，1年後輩。初恋の人でした。

```
近藤先輩へ
　　　　　　H江より
　　　　1969年6月17日
```

T 〔子どもたちには，あたかも"ラブレター"であるかのように期待を持たせておいて，おもむろに手紙を開き，情感たっぷりに読み上げる〕

前略　突然こんな手紙を出して，ごめんなさい。でも私，苦しくて苦しくて，ここ何日もご飯が喉を通らないくらい悩んでいます。
　それで思いきって……相談してみようと思ったのです。近藤先輩なら，M先輩と同じクラスですし，きっと力になってもらえると思ったからです。
　1週間前の日曜日，M先輩に初めてデートに誘われて，私たち映画に行ったのです。
　映画館を出ると，あたりはもうすっかり薄暗くなっていました。公園の前を通ったとき，M先輩が「少し，話していかない？」って声をかけてくれました。隣あってベンチに腰かけました。なんか，夢みたいな気分でした。
　M先輩もすごく緊張しているのがわかりました。「ぼく，君のこと，ずっと気になっていたんだ」──そう言うと，M先輩の唇が私の顔に近づいてきたのです「イヤ！」。気が付くと，私，M先輩を突き飛ばしてしまっていました。「ゴメン」──M先輩は，怒るどころかそう言って，私に謝ってくれたけど，なんだか恐くなっちゃって，「私，帰る！」って言って，走って家に戻ってきてしまったのです。
　あれから，学校でM先輩の姿を見つけても，顔をまともに見られなくて隠れるように通り過ぎてしまう，そんな状態です。
　私，いまでもM先輩のこと大好きだし，M先輩のこと考えると胸がつぶれそうなくらいです。でも，「また，あんなことになったら……」と思うと……。
　近藤先輩，私，どうしたらいいのでしょう。
　変ですよね，こんなこと近藤先輩に相談するなんて……。
　近藤先輩になら，こんなに素直に相談できるのに，M先輩の前に行くと緊張してしまうのです。近藤先輩も，やっぱり好きな人の前ではそうですか？　そのときは私がアドバイスをしてあげるから，遠慮なく相談してください。なーんて，先輩に対してなまいきを言っている失礼な私です。ごめんなさい。
　手紙を書いたら，なんだかスッキリしました。読んでくださってありが

とうございました。
　　模擬試験の前でお忙しいのに，ごめんなさい。返事は，試験が終わってからでもいいです。試験，頑張ってください。
　　　　　　　　　　　　　　　　　　　　　　　　　　　　草々

C　〔教室は爆笑の渦。私への同情と共感の笑い〕
T　ショック……でした。模擬試験，最悪でした。でも，気を取り直して書きました。手紙。H江さんのこと大好きだったから……。
　みんなはどう思う。H江さんとM先輩の交際。

「仲直りすべきか？」それとも「別れるべきか？」
　グループ（男女混合）で意見交換をしてください。2分間。

C　〔グループごとに活発に意見交換をおこなっている。随所で，男女で話し合う光景もみられる〕
T　〔教卓の下から，記入用のハガキ（生徒の人数分）と手作りのポストを取り出す〕【写真⑦】

　　特製ハガキを配ります。匿名で結構です。近藤先輩に代わって，H江さんに素敵なアドバイスをお願いします。
　書き出しは，次の2つのうちのどちらかに決めてから書き始めてください。
　・「M先輩と早く仲直りできるといいね。だって，……」
　・「M先輩とは別れたほうがいいと思うよ。だって，……」
　　いずれの場合も，結論，理由だけでなく，その方法と伝える内容を具体的にアドバイスしてあげてください。時間は7分間。
　　書き終えたら鉛筆を置いてください。

C　〔真剣にペンを走らせている。書き終えた生徒のなかには，グループで交換して読み合っている者もいる〕
T　〔全員が鉛筆を置いたことを確認する。すでに12分間経過〕

止め！　いまから回収にいきます。【写真⑧】

写真⑦
「ハガキはこのポストの中に入れてもらいます」

写真⑧
「ハガキを回収します。書けたかな？」

T　〔ポストを机の上に置いたあと，胸のポケットからもう1通の手紙を取り出し読み上げる。手紙に対するH江さんからの"返信"である〕

　　手紙，読みました。模擬試験の勉強，大丈夫ですか。大変な時期に，わざわざ返事をいただき感謝しています。
　　先輩がアドバイスしてくれたように，M先輩に対する私の素直な気持ちを手紙で伝えることにしました。いま，投函してきたところです。気持ちがすっきりしました。近藤先輩のおかげです。お礼に，"手紙"を同封したので読んでください。

T　"手紙"って何だ？　まさか，こんどこそボク宛のラブレター？
　　〔「あった，あった……」と言って封筒から取り出し読み上げる〕
C　〔興味津々の顔で手紙を見つめている〕【写真⑨】

　　日曜日の映画，とっても楽しかったです。お礼を言うのがこんなにおそ

短歌で学ぶ，思春期の"恋心"——103

くなってしまいました。ごめんなさい。

　この1週間，とても苦しかったです。先輩を傷つけてしまったのではないかと，ずっと悩んでいました。

　あのとき，私，突然のことで，何がなんだかわからくて……。それで，「さよなら」も「ありがとう」も言えずに，気が付いたら部屋の中にいました。

　正直に言います。先輩のこといまでももちろん好きです。本当です。

　中学校に入学して間もなくしてから，「どのグラブに入ろうかな？」と思って，私がバスケ部の練習を見学に行ったときのこと，先輩，覚えていますか？　声をかけてくれましたよね。あのときからずっと先輩のことが気になっていました。でも，先輩はいつも女の子たちに取り囲まれてたし，私なんかの手には届かない人だとずっと思っていました。

　だから，「映画一緒に観に行かない？」って誘われた時は，最初はからかわれてるんじゃないかと思ったほどでした。それから毎日，まるで夢を見ているような気持ちでした。

　『卒業』という映画もステキだったけど，映画を観ている間，「隣に先輩がいるんだ」って思うだけで幸せな気分でした。ずっとドキドキしてたんですよ。

　先輩，ごめんなさい。突然あんなことされて，私，驚いて先輩を突き飛ばしちゃったけれど，いま思うと私も悪かったのです。

　映画館を出たあと，「もう少し一緒にいたい」と思っていました。だから，先輩が「公園のベンチで少し話していかない？」って言ったとき，うれしかった。本当の恋人になったような気分で，先輩に寄りかかるようなしぐさなんかして……。

　あれから1週間，学校で先輩をずっと避けるようにしていました。

　野球部の近藤先輩に思い切って手紙を書いて相談したのです。男同士の友情ってステキですね。「Mもきっと後悔してると思うよ。気持ちのやさしい男なんだ。君の気持ちを伝えて安心させてあげてね」ってアドバイスしてくれたんですよ。

　考えてみたら，私，バスケをしている先輩しか知らないんですよね。も

> っと先輩のこと，将来の夢とかも知りたいです。私の夢も聞いてほしいです。いっぱいいっぱい話したいです。

T　"いい先輩"なんだ，ボクは。というわけで，完璧にふられてしまったわけです。でも，よかった仲直りできて……。
C　うまくいったんだ！　結婚したの？
T　同窓会名簿を見たら，H江さん，苗字が変わっていました。ただし，「M」という苗字ではなかったような気がする。中学時代のカップルがそのままゴールインするケースは少ないのかもしれないね。
　　みんなのところ，お父さんお母さんはどう，どこで出会ったの？
C　そんなこと，聞いたこともない。
T　アンケートを書いてもらったよね。

> もし異性についての悩みを持ったら，真っ先に相談する人に「◎」，相談する可能性がある人にすべて「○」，絶対に相談しないだろうと思う人に「×」をつけてください。

T　さて，まず「◎」が一番多かったのは？
C　「同性の友だち」

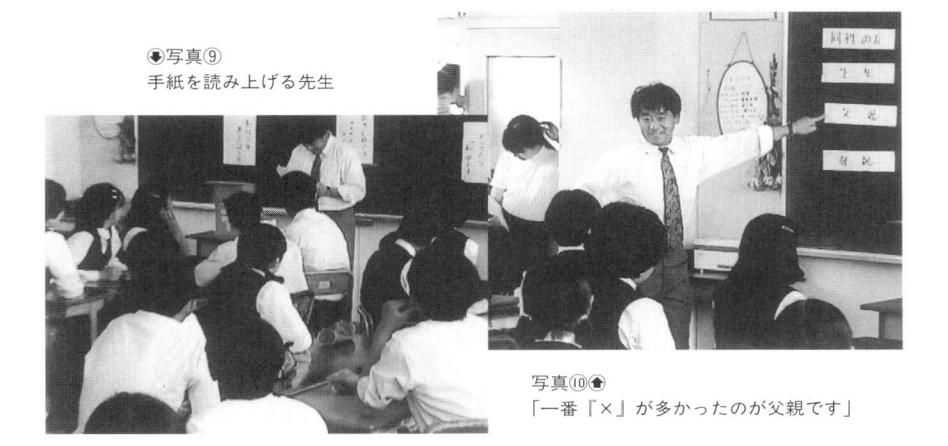

●写真⑨
手紙を読み上げる先生

写真⑩●
「一番『×』が多かったのが父親です」

短歌で学ぶ，思春期の"恋心"——105

T　ピンポーン！では，「×」が一番多かったのは？
C　「先生」「父親」……。
T　実は，「父親」が最高。続いて，「先生」【写真⑩】
T　黒板に注目。これらの短歌のなかには，「先生」であって「父親」「母親」でもある先生たちの作品もあります。みんな恋（失恋）をしてきたのです。まずは手始めに，これらが誰の作品かを予想して，その先生に詳しく事情を語ってもらう，というのもいいね。先生たち，きっと喜んで協力してくださるはずだよ。

　＊この後，しばらくは《恋の三十一文字》で，教室も職員室も話題沸騰。その余波は父母にまで及び，ついにカルタづくり（第１章第12節）へと発展していくことになったのです。

アンケート内容：もし異性についての悩みを持ったら，真っ先に相談する人に「◎」，相談する可能性がある人にすべて「○」，絶対に相談しないだろうと思う人に「×」をつけて下さい。

資料　生徒アンケート結果（男子18名，女子17名，計35名）

	◎			○			×		
	男子	女子	計	男子	女子	計	男子	女子	計
同性の友達	2	14	16	7	2	9	9	1	10
異性の友達	1	0	1	3	3	6	14	14	28
同性の先輩	0	0	0	2	11	13	16	6	22
異性の先輩	0	0	0	0	2	2	18	15	33
父親	0	0	0	1	1	2	17	16	33
母親	1	1	2	0	6	6	17	10	27
兄弟・姉妹	0	0	0	3	5	8	17	11	28
先生	0	0	0	0	5	5	18	12	30

⑤ ゾウさんは，汗っかき!?
(中学校2年生)

　汗ばむ夏。汗はたしかにうっとうしいものです。しかし，この発汗作用，体温の上昇を防ぐために不可欠のものであり，人間が長い歴史を通じて獲得してきた"からだの文化遺産"なのです。

　ところが，「夏，汗をかきたくないから，水分はなるべく取らないようにしています」とか，「バテないように，運動の練習中は選手たちに水を飲ませないようにしています」などという声をいまだに耳にすることがあります。

　発汗作用による体温調節のしくみがいかに合理的なものであるかは，イヌのパンチング呼吸（舌を思いっきり突き出して「ハーハー」やるアレ）に代表されるように，他の動物がなんともしんどい思いをして暑さを凌いでいるのと比較することで理解できます。

　キー概念は，《汗腺》。温熱性発汗に関わる汗腺の有無が人間と動物の体温調節の違いをもたらしているのです。しかし，実際に機能するには出生後しばらく時間を必要とします。間脳の視床下部を司令塔とする神経系統の準備がまだできていないからです。

　こうした認識を獲得していく過程を教材化してみました。

　この授業プラン「ゾウさんは，汗っかき!?」は，雑誌『体育科教育』（1982年10月号）で初めてその授業記録を公表してから，数多くの追試を重ねることによりバージョンアップをはかってきました。「授業書」方式でも紹介されています（保健教材研究会・編『新版・「授業書」方式による保健の授業』1999年，大修館書店）。

★書き下ろし

◇シナリオ「ゾウさんは，汗っかき⁉」

〔子どもの前に腕を差し出す〕

> よく見てください。どっち側に汗をかいていると思う？ 内側？ 外側？

T 実は，外側にかいているんだよ。先生は体中の汗の出る穴が，数にして500万。みんなも同じ。赤ちゃんも同じ。お母さんのお腹のなかにいたとき（胎児期）から，できている。汗の出る穴のことを「汗腺」（板書）っていいます。

T 先生，体重は65kg。体温は，いつもだいたい36℃。

> 先生が，29℃の室内で1日中動かずにじっとしていたとします。どれくらい汗をかくでしょう？

〔教卓の下から，100ミリリットルから，1.5リットルまで，合計3リットルの水が入った数種類の容器を取り出す〕

T 〔水槽に次々と容器の水をあける〕これだけ出るんだよね。
　重さにして3kg。1リットル分の汗が蒸発すると，先生くらいの体つきなら，体温を12℃下げるだけの熱が奪われます。
　3リットルということは，汗の蒸発のおかげで36℃も体温が下がったということ。つまり，もし汗をかかなかったら，36＋36＝72（℃）になっていた。みんな，こうやって"体温調節"をしているんだね。

T そういえば，今日アフリカから"友だち"が来ているの。呼んでくるからちょっと待っててね。

〔外に出てアフリカゾウのお面をつけて登場する〕

ゾウ 近藤先生は，どこに行った？
　ボクの自己紹介をしておきます。アフリカから来ました。体重は，5トン，5000kg。でも体温は，いつも36℃。からだはデカイけど，体温だけはみんなと同じだね。恒温動物です。

> 〔板書を指しながら〕この実験，おもしろそうだな。29℃の室内で1日じっとしてればいいんでしょう。僕だったら，どれだけ汗をかくだろう？
> 　近藤先生より，汗をかく量は〔選択肢を板書〕
> (ア)　多い
> (イ)　少ない
> 　さあ，どっちだと思う？
> 　ヒント。実験後，体温はやっぱり36℃のままだよ。
> 　相談時間は2分間だよ。

〔「用事を思い出したから，じゃーね，バイバイ」と言って，教室を出て行く。入れ違いに近藤先生登場〕

C　水浴びしてるのは見たことあるけど。
C　ゾウは体が大きいから，いっぱい汗をかきそう。だから，(ア)。
C　アフリカのゾウだから，暑さに慣れてるはず。それに，皮膚が厚くて，汗をかきにくそう(イ)
T　実は，実験をしなくてもわかるんだよ。だって，ゾウさんには「汗腺」がないんだ。
C　なーんだー！
T　でも，ゾウさんは，この実験のあとも体温は36℃だった。どうやって体温を一定にしていたんだろう？
　プリントを配ります。

> 「ゾウは人間よりずっと大きいから，さぞかし大量の汗をかくだろう」とか，あるいは，「暑さに慣れているから，意外と少ないかもしれない」と考えた人もいるでしょうね。
> 　実は，「(イ)少ない」。いや，「少ない」どころか，ゾウは「まったく汗をかかない(かけない)」のです。《汗腺》がないからです。
> 　そのかわり，ゾウには発汗に代わるひとつの習性があることがわかっています。それは，水を見ると鼻にそれを吸い込んで自分の身体に吹きつけ

たり，水浴びをして皮膚をぬらす習性です。そして，もし長時間にわたって水が与えられない場合には，鼻を自分の口に入れて唾液を吸い出し，これを身体に吹きかけるのです。

ゾウの他にも，汗腺が発達していない動物はたくさんいます。イヌもその一つです。

少し暑い日に，木陰で地べたに寝そべって口をあけ，"ハーハー"と激しい息づかいをしているイヌを見たことがあるでしょう。これを「パンチング」といい，呼吸器を通した水分の蒸発によって体熱を放散させ，体温の上昇を防いでいるのです。

こうした習性は，ウサギ，トラ，ライオンなどの獣類のほか，ニワトリなどの鳥類にも見られます。

では，ネズミはどうでしょう？

もちろん，発汗作用はありません。ただし，身体にくらべて口が小さいため，パンチングをしない代わりに唾液を大量に出して胸や腹をぬらし，これを足で全身にぬりつけることによって，体熱の放散を行っています。

このように，人間以外の動物ではさまざまな方法を用いて放熱を行い，体温調節をはかっているのです。

とはいえ，発汗によって放熱を行う人間にかなうものはなく，その意味で人間の体温調節機能こそ，あらゆる動物の中でもっとも発達したものであるといってよいでしょう。

＊保健教材研究会・編『新版・「授業書」方式による保健の授業』（大修館書店，1999年，44頁より引用，分担執筆・近藤真庸）

T　先生，人間でよかった。だって，もし汗腺がなかったら，授業をしてるときにこんなこと（パンチングやよだれを塗りつける動作）していなくてはいけない。

> では，みんなが初めて汗をかきはじめたのはいつだろう？
> 相談始め！2分間。

> （ア）胎児期
> （イ）オギャーと生まれた瞬間
> （ウ）１週間たってもかかない

T　ヒントです。汗腺はすでに胎児のうちにできあがっています。そして，胎生29週目にはその大半が発汗可能な汗腺（能動汗腺）となっているんです。日本人の成人の能動汗腺は，平均で約230万といわれており，出生時にはその６割の約150万，そして，生後わずか２年で成人とかわらないほどの能動汗腺をもつことも確かめられています。

C　生まれる前からトレーニングしてると思うから（ア）。

C　羊水のなかでは汗なんてかく必要がないはずだから（イ）。

C　それに，１週間もかかなければ死んじゃう。夏に生まれた子いるでしょ。体温が上がって蒸発しちゃうんじゃない？　絶対に（ウ）ではない！

T　ところが，正解は，（ウ）。データがあります。

T　産婦人科で，28人の妊産婦さんについて，赤ちゃんがいつから汗をかきはじめたかを聞いてみました（三浦豊彦『暑さ寒さと人間』中公新書，1977年参照）。

日	2	3	4	5	7	8	9	10	11	12
人	2	6	5	4	1	2	1	1	2	3

（このほか，18日目に発汗を開始したもの１名）

◉表

T　上の表は，28人の新生児が，生後何日目に発汗を開始したかを示したものです。
　　生後18日目にして初めて汗をかくだなんて，随分のんびりしている子もいるんだね。

でも赤ちゃんは死なない。じゃあどうやって体温調節をしているか？

赤ちゃんって体が真っ赤でしょ。血管を表面に浮きださせて熱を放散しているのです。

でも，なぜ生後数日たたないと発汗を開始しないのかな？

それは，体温調節が私たちの意思に関係なく自動的に行われていることと関係があるんだよ。

体温調節は，身体のいろいろな器官とかかわりもっており，なかでも間脳の視床下部が重要な役割を果たしています。皮膚の温度が上がると，その情報は神経を通して体温調節中枢に送られる。その情報を受けた体温調節中枢は，神経を通して汗腺に指令を出し，発汗を行わせている，というわけ。

新生児に発汗作用が認められないのは，脳と神経の配線がうまく通じるのにしばらく時間がかかるからだったんだね。

大人だって同じだよ。そうそう，先生の友だちでね，こんな人がいる。中学校の先生なんだけど，夏の暑い日，授業をやっているとき熱中症で倒れた。

原因は，「ムチウチ症」。冬に交通事故で首をガクン！ 間脳の視床下部を痛めると体温調節がうまくできなってしまうんだね。

実験後，先生の体重は汗の分（3 kg）だけダイエットできたか？

T　ノー。汗で出た分，水を飲んでいた。

水分を補給しなかったら，汗はかきたくてもかけない。運動をしたときなんか，汗がいっぱいでるでしょ。そうするとノドが渇く。「水をほしい」って，体が訴える。その時に，ちゃんと水分を摂取することが大切なんだね。ダイエットする前に命が危ない！

そういえば，アトランタオリンピックのマラソンで銀メダルをとった有森選手。どうだった？　途中，ちゃんと計画的に水分取っていたよね。

実は，30年くらい前，先生が甲子園をめざして野球してたころはまだ，「練習中に水分を摂るとバテル」って言われていたんだよ。

運動部に入っている子，ちゃんと水分摂ってるかな？

もし"水分禁止"だったら，チームのみんなに教えてあげてね。

⑥ 新・なーるほど・ザ・ホスピタル

（中学校3年生）

　この授業は，医療提供施設を上手に活用していく主体に子どもたちを育てたい，という願いから，以下の3点に気づかせることをねらったものです。

①校区には，いろんな医療提供施設があることに気づく。
②「診療所」と「病院」のちがいに気づく。
③「病院」のなかには，とくに「地域医療支援病院」と称しているものもあることに気づく。

　ところで，「医者を上手に活用していく主体」というとき，私の頭の中にあったのは，永井明さん（医事評論家）の次のような意見でした。

　いちばんいいのは，身近に信頼できるかかりつけのお医者さん（開業医）を持つことだ。からだの不調を感じたら，まず，そのお医者さんのところに行って相談する。それで解決すればよし。もっと詳しい検査や治療が必要なら，そのお医者さんから適当な専門医のいる病院を紹介してもらうというかかり方だ。
（永井明『もしも病気になったら』岩波ジュニア新書，1990年，9から10頁）

　大人でさえ意外と知らない「病院」の話。クイズ形式で学ぶ「医者のかかり方・入門（ニューバージョン）」です。

★書き下ろし

◇シナリオ「新・なーるほど・ザ・ホスピタル」

〔校区地図のパネル（医療提供施設がマークしてある。ただし，名称は記載していない）を提示〕

> マークで記した場所は，あなたや家族の人たちの生活と関わりの深い役割をしています。何でしょう？

C　コンビニ。
T　違います。ヒント，みなさんの「健康」と関係している施設です。
C　病院!?
T　正確には「医療提供施設」といいます。〔カードを掲示する〕

〔医療提供施設〕　〔カード〕

> こんな症状のとき，〔地図のマークを指しながら〕みなさんの家ではどこに行きますか？　鉛筆をもってください。
> 5つ症状（かぜ，盲腸，妊娠・出産，中耳炎，結膜炎）を言います。
> 「○○病院」「○○内科」「○○医院」というように，ひとつずつ固有名詞でノートに書いてください。

T　書いた「医療提供施設」の名前を，ひとりひとつずつ発表してください。〔列指名で出尽くすまで。発表順に，あらかじめ教師が撮影してきた写真を掲示し，校区地図の該当するマークと対応させる〕

> このなか（みなさんがあげてくれたもの）には，実は，「病院」ではないものがあります。どれでしょう？

T　〔「病院」と書いたカードを掲示し，その横に「××病院」と書いたネーム

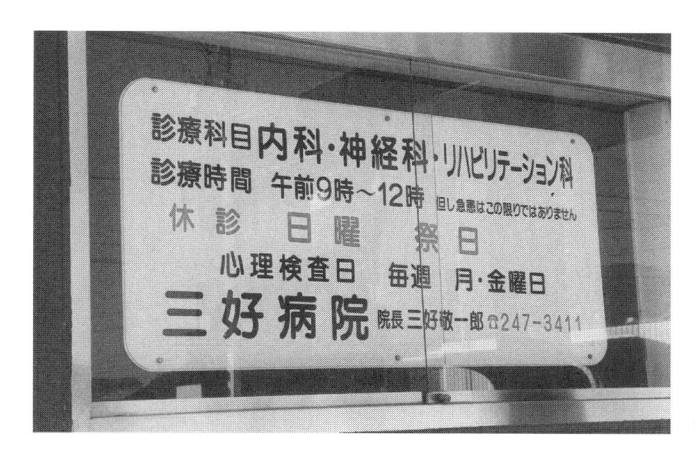

●写真①

　カードをすべて，校区地図からはずして貼る〕

〔病院〕　　〔カード〕

T　残ったカードは，いずれも「病院」ではありません。
C　じゃあ，それは何なの？
T　「診療所」といいます。〔「診療所」というカードを掲示する〕

〔診療所〕　　〔カード〕

> 「病院」も「診療所」も，もちろん「医療提供施設」です。では，何がちがうのでしょう？　グループで相談して意見をまとめてください。2分間。

C　大きさ。「病院」のほうが大きい。
C　「診療所」は家族でやっている。
C　「病院」は医者や看護婦さんがいっぱいいる。
C　「病院」は，紹介状とかがないと見てくれない。
C　「病院」のほうが技術レベルが高い。

新・なーるほど・ザ・ホスピタル――115

C　難しい病気を診てくれるのが「病院」。
C　入院できるかどうか。「診療所」は入院できない。
C　手術をするかどうか。「診療所」では手術はしない。
C　救急車が運ばれるところが「病院」。
C　「診療所」は親切で料金が安い。
C　薬局へわざわざ紙をもっていかないと薬をくれないのが「病院」。
T　いろんな意見がでたね。残念ながら，すべて間違いです。
　　実は，「ベッド数」（入院できる患者さんの最大数）の違いだけなのです。
〔「病院」……「20以上」，「診療所」……「0から19」と板書する〕

【ベッド数】
・病院………20以上　　　〔板書〕
・診療所……… 0〜19

T　これを見てください。〔【写真②】を掲示〕

◉写真②

何という名前の病院でしょう？

T　よくわかったね。そうです,「県立病院」です。ベッド数は555の大病院です。〔「県立病院」のカードを「病院」の仲間からはずし掲示〕

〚県立病院〛　〔カード〕

　5つ症状（かぜ,盲腸,妊娠・出産,中耳炎,結膜炎）を言います。
　県立病院で診てくれる病気はどれでしょう？グループで相談。1分間。

T　順番に確認していきます。「診てくれる」と思う人は拍手してください。
C　……（すべてに拍手がおこる）。
T　正解は,……全部「○」です。
T　〔【写真③】を掲示〕看板に注目してください。内科,外科,産婦人科,耳鼻咽喉科,眼科……ね,みんなあるでしょう？　他にも,……〔といって,すべての診療科目を子どもたちと一緒に読み上げていく〕。

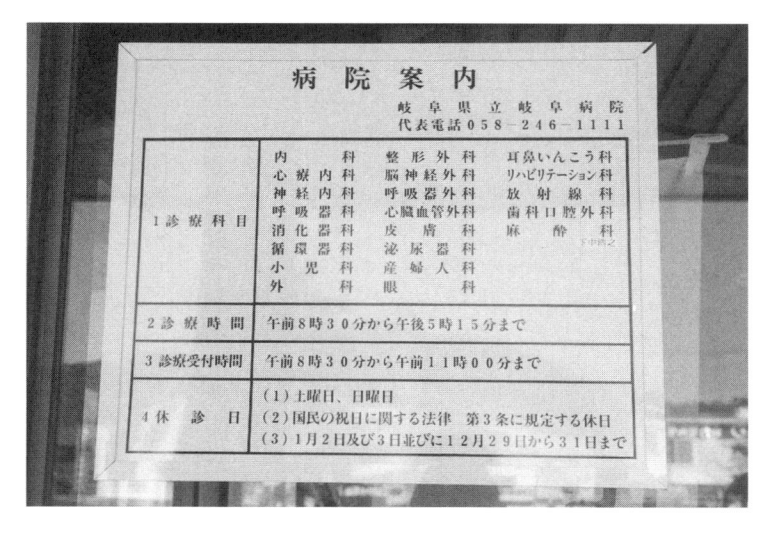

●写真③

C　でも,三好病院【写真①】は内科しかない。
T　そうだね。診療科目の数からいっても,県立病院と三好病院では,同じ病

新・なーるほど・ザ・ホスピタル——117

院といってもずいぶんちがうね。
T 写真を撮りに行ったついでに，県立病院の待合室をのぞいてきました。とにかく，人，人，人……。次から次へと患者さんがやってくるのです。なかには，車で1時間以上もかけて通ってきている人もいるそうです。しかも，2時間ちかく順番を待つことも珍しくないそうです。

> 校区内にもこんなに診療所や病院があるのに，なぜ，そんなに時間をかけてまで患者さんは県立病院にやってくるのだろう？
> グループで相談。2分間。

C 診療科目の数が多い。
C 内科，外科，産婦人科，耳鼻咽喉科，眼科でしょう。他にも，小児科，皮膚科，消化器科，循環器科……というように，なんでも診てくれる。
C 専門店がいっぱい集まったデパートみたい。一度に用事がすんじゃう。
C 入院していて他にも悪いところがみつかった場合，安心だし便利。
C 高そうな機械で検査してくれるから，信頼できる。
C お医者さんも優秀な人が集まっていそうだし，看護婦さんだけでなく，検査技師の先生や栄養士さんやリハビリの先生なんかも充実している。
C うちの近くのお医者さんは，すごく適当。でも，県立病院の先生はすごく丁寧に診てくれた。
C 県がやっている病院だから安心。お金も安いのかな？
T みんなが言ってくれたように，医療スタッフや検査機器が充実していて，あらゆる病気に対処できて，しかも丁寧に診療してくれる，そんな病院が身近に一つでもあったら安心だよね。
 こんな言葉を耳にしたことありますか？〔「地域医療支援病院」のカードを掲示する〕。1997年に制度化され，"条件"を満たしていると判断された医療提供施設だけが都道府県知事によって承認されます。

〔地域医療支援病院〕　〔カード〕

T　読んで字のごとく、「《地域》の診療所や小さな病院を《バックアップ》する役割をもった病院」のことです。例えば、……

> ①診療所や病院から紹介された患者さんに医療を提供する。
> 　（他の適当な医療提供施設へ患者さんを紹介することも含む）　〔板書〕
> ②診療所や病院が検査機器を利用できるようする。

T　まだあります。新聞なんかで、救急患者が"たらい回し"されて命を落としたという記事、見たことないかな？　そんなことがないように、地域で責任もって救急医療にあたる病院が必要だね。これも「地域医療支援病院」の役割となっています。

> ③救急医療の提供　　〔板書〕

T　まだまだ、「地域医療支援施設」には大切な役割があります。

> そのためには、ある施設を備えていなくてはならないのです。何でしょう？　2つあげてください。ヒント。学校（「××室」）にもあります。

> ・図書室　　・講義室　　〔カード〕

T　「地域医療支援病院」は《図書室や講義室を備えた病院》、すなわち、その地域のお医者さんたちの研修施設でもあるのです。

> ④地域の医師や看護婦さんへの研修の実施　　〔板書〕

> 問題です。県立病院は「地域医療支援病院」でしょうか

新・なーるほど・ザ・ホスピタル

C 当然だよ！

T ところが，違うのです。県立病院は「地域医療支援病院」の指定はまだ受けていません。そのための条件を満たしていないからです。②③④はクリアしています。問題は①です。「地域医療支援病院」というのは，原則として"かかりつけの医者"から紹介された患者に対して医療を提供する病院でなければならないからです。県立病院の職員の方からお話をうかがってきました〔テープ・スイッチON〕

> 　来院される方で日頃から気になっていることの一つは，県立病院が公立だからでしょうか，さらには診療科目数が多いからでしょうか，《どんな病気でも診てくれる病院》だと思って，身近にたくさん医療提供施設があるにもかかわらず安易にやってくることです。また，《一番よい医療を提供してくれる病院》と思いこんでおられる方も少なくないようです。
> 　同じ《診察》といっても，日頃から継続的に診ていれば変調に気づきやすいですし，医療従事者と患者さん・家族の気心が知れていれば，コミュニケーションもとりやすいのです。"かかりつけの医者"をもつことをぜひおすすめしたいと思います。それで必要とあらば紹介状を書いてもらい持ってきてくだされば，こちらで対応いたします。
> 　病気になったときの医療提供施設の選び方について，一度家族のみなさんとじっくり話し合ってみてください。

T 〔"かかりつけの医者"のカードを提示する〕

　　かかりつけの医者　　〔カード〕

T みんなの家には"かかりつけの医者"はいるかな？

> 　5つの症状のときに行く，あなたの家の"かかりつけの医者"を決めます。地図をみて，ひとつずつ固有名詞でノートに書いてください。

⑦ 健康の考え方
(高校)

　この授業プランは，大修館・保健ビデオシリーズ①「健康の考え方」(監修・指導・出演　近藤真庸，1994年) として刊行されたモデル授業を〈シナリオ〉化したものです。

　授業は，1993年，東京都立駒場高等学校1年生 (体育コース) を対象におこなわれました。

　健康づくりを個人のレベルにとどめることなく，広く地域社会，国，さらには国際的視野にたって考えさせていくような授業展開をとおして，「高校の保健授業で何を学ぶのか，またその意義はどこにあるのか」についても理解させることをねらったものです。

　ビデオとあわせて活用してください。

◇シナリオ「健康の考え方」

〔赤ちゃんが産湯につかっている写真。裏返し状態で提示。〕
T　1枚の写真を持ってきました。何の写真だと思う？〔写真を表向ける〕
　3番目の子が誕生した日の写真です。麻紀子といいます。
　　何をしているところかな？
C　産湯につかっている。
T　その通り。そして，その1年後。〔誕生時の写真を持ったまま満1歳の誕生日の写真を提示〕無事，この日を迎えることができました。そして今は，〔3歳時の写真を提示〕3歳になりました。
　　麻紀子は満1歳の誕生日を迎えることができたけど，誰もが「1歳の誕生日」を無事に迎えられるかといったら，そうではない。
　　病気や事故でいのちを失う赤ちゃんだっているのです。

今日も日本中で産声をあげている赤ちゃんがいるはずです。かりに1000人いたとしましょう。

┌─────────────┐
│　1000人　　　〔板書〕
└─────────────┘

┌──┐
│　このうち，1年後の誕生日を迎えられない子は何人いるだろう？　　│
└──┘

T　相談してもいいよ。〔10秒程度〕
T　はい，相談やめて。この列の人たちに答えてもらいます。もちろん1年後にならないとわからないから，予想です。数字だけでいいよ。リズミカルにね。用意，ハイ！
C　……（略）
T　ありがとう。それより少ないよって，予想した子はいますか？
　　1000人の赤ちゃんのうち1年後に誕生日を迎えられない子，実はこういうふうに言うんです。

┌─────────────┐
│　乳児死亡率　　〔カード〕
└─────────────┘

T　「乳児死亡率」。生まれた赤ちゃん1000人が1年後に何人死んでしまうか。ちょうど今の答えが乳児死亡率の値になります。じゃあ，貼るからみててね。

┌──────────────────────────────────────┐
│　図「乳児死亡率の年次推移（日本のみ）」　　〔パネル（略）〕
└──────────────────────────────────────┘

T　みんなが生まれたのはどの辺？
〔1978年辺りを指す〕
　　ちょうどこの辺りだね。乳児死亡率はいくつになる？
C　10
T　10ということは，ちょうどみんなの時はオギャーと生まれて1歳の誕生日を迎えられなかった人は1000人のうち10人。逆に言うと，990人の人はみん

なと同じ時に生まれて1歳の誕生日を迎えることができたということ。じゃあ1番新しいデータで言うと……。〔1992年のところを指す〕
　　5人ぐらいまでに減少しているね。995人の赤ちゃんが1歳の誕生日を迎えられる時代になってきた。さっきみんな何人って言ったかな？　予想よりうんと少ないね。つまり、日本ではいまでは、ほとんどの子がオギャーと生まれれば1歳の誕生日を迎えることができる、ってこと。じゃあ昔はどうだっただろう？　お父さん、お母さんが生まれたのは、いつくらいだろう？

T　聞いてみようかな？　戦後生まれっていう人？〔1950年ぐらいを指す〕だいたい60ぐらいだね。その年に1000人生まれたとしたら60人の赤ちゃんが満1歳の誕生日を迎えられなかった。もっと前。おじいちゃんやおばあちゃんが生まれた頃は……。〔グラフのはじめぐらいを指し〕100を上回っていた。

　　そのまた50年前、1900年ぐらいは、いくつぐらいだったと思う？

T　〔表のもう少し左を指し〕この下り方をみて……？
　　この列、今度は後ろからいこう。山勘でいいよ。数字だけね。いくよ。
C　……（略）
T　1900年のデータを紹介します。155。乳児死亡率は155だった。日本の乳児

死亡率は急激に減ってきたということがわかるね。ところが，まもなく西暦2000年を迎えるというのに，世界の国々をみわたすと，乳児死亡率がいまだに150前後の水準，日本の1900年の水準にとどまっている国があります。

> どこの国だと思いますか？

T 〔飢えで苦しむ子どもの写真を提示〕
C アフリカ？
T そうです。地図を貼ります。

　　アフリカの白地図　　〔パネル（略）〕

白地図【資料】

2001年12月現在

アフリカ。アフリカの場合，日本でいうと今から100年近く前の状況とそっくりだと言われています。

いまから地図を配ります。〔プリント【資料】配布〕

いま配ったのには，アフリカの国の名前が書いてあるんだけど，知っている国，いくつぐらいあるかな？ 知らない国はいくつぐらいあるかな？

T　はい，それでは鉛筆を持ってください。

今から4つの国の名前をここにあげます。この4つの国というのは，アフリカのなかでも特に乳児死亡率の高い国。日本で言うと1900年，100年前の状況にある国，4つあります。1つずつ貼っていくから探してみて。わからなかったら隣の人に聞いてもいいよ。

地図でその国のところを囲んでください

「モザンビーク」「アンゴラ」「マリ」「シェラレオネ」　　〔カード〕

T　はい，この4つ。全部囲めた人は鉛筆を置いてください。確認をしていきましょう。〔地図に4つの国をそれぞれマグネット（黄色マグネット）で位置を確認していき，その都度，国名のパネルをその場所に貼る〕

> 4つの国それぞれの乳児死亡率を言っていくのでその国のところに数値を記入してください。
>
> モザンビーク　　173,　　アンゴラ　　　173
> マリ　　　　　　164,　　シェラレオネ　149
> ＊数値は，ユニセフ調査（1990年）

T　いまから16の国を言います。名前を読み上げていきます。

> 斜線でその国を塗りつぶしていってください。

〔地図にその都度，赤のマグネットを貼っていく〕

> 西の方の国から順に16個読み上げます。
> モーリタニア，セネガル，ギニアビザオ，
> ギニア，シェラレオネ，マリ，ブルキナファソ，
> ベナン，ニジェール，チャド，エチオピア，
> ソマリア，アンゴラ，ブルンジ，マラウイ，
> モザンビーク

T　じゃあ，こんな言葉を聞いたことがあるかな？

　　平均寿命　　〔カード〕

T　いま塗りつぶしてもらった16の国々，これは何かと言うと，いま現在，平均寿命が50歳に満たない国。いわゆる「寿命が短い」国なのです。
　　乳児死亡率の高い国としてチェックしてもらった国が，すべて塗りつぶされているでしょう。両者の間には何か関係がありそうだね。

> 日本人の平均寿命は，現在，いくつくらいか知ってる？　男子と女子ではどちらが長い？

C　80歳くらい。女子の方が長い。
T　貼ります。見てください。

> 図「日本人の平均寿命の年次推移」　　〔パネル（略）〕

T　その通り。1992年の統計では，男性の場合まだ80歳を越えていないね。76.09歳，女性は82.22歳となっている。

> 男性76.09歳
> 女性82.22歳　　〔板書〕

　これを「平均寿命」といいます。みんなにまた予想してもらいます。さっき1900年の頃，乳児死亡率は155って言ったよね。

> 1900年前後（明治中期）の平均寿命はいくつくらいだったと思いますか？

T　これも予想してみよう。相談してもいいよ。〔20秒ぐらい〕
T　はい，相談やめてください。今度は，この列いこう。小数点をいうとリズムが狂うから……。そうだね，何十何ぐらいかな。さあいこう。
C　……（略）
T　平均寿命はどれぐらいだったか？　文献を調べてみると，縄文時代からわかってるんだよね。どのぐらいだったか？　10歳台だったんだね。平均寿命が10歳台だよ。何か変な感じしない？　大人もいたはずだよね。
　さっき言ったように生まれてすぐ死んでしまう人もいる。長く生きる人もいる。それを平均するんだね。そうすると，10歳台ということも考えられるね。10歳台がずっと続いた。どこまで続いたかというと江戸時代まで続いた。

健康の考え方——127

10歳台がね。江戸時代中頃になってやっと20歳台になる。その後，20歳台の時期が続き，明治30年代になってようやく30歳台に入ったということがわかります。

　ちなみに，50歳台を突破するのは，第2次世界大戦が終わった1950年前後のことで，この図にみられるように，平均寿命が毎年着実に延びていくようになったのは，ここ50年くらいのことなのです。それまでは，50歳台に満たなかった。ということは，ちょうど今で言うとアフリカで赤のマグネットで点をしめしたあたりの国の状況と似ていたところがあるということが予想されます。そこで，……。

| 平均寿命が低い原因はいったい何だろう？ |

〔アフリカの地図16の国を指しながら〕
T　この国の状況のどんな事柄が平均寿命を下げているんだろう？　言い換えると，早いうちに死んでしまう原因になっているんだろう？
　　3分間あげます。隣同士で相談していいよ。平均寿命が低い原因と考えられる事がらを最低2つ，箇条書きで書き出してみてください。
〔この間に平均寿命のグラフをはずす〕

T　はい，やめて。発表してもらうね。〔挙手の動作をする〕

そうだなと思ったら拍手してあげてね。
C　医療機関が未発達。〔拍手〕
C　食糧不足。〔拍手〕
C　生活環境が悪い。〔拍手〕
T　さあ，どうだろう？　そこで，これを見てください。

> 図「5歳未満死亡率の世界地図」　〔パネル（略）〕

T　色分けがしてあります。いま，みんながいろいろ言ってくれました。そのことを頭の中にいれて聞いてほしいんだけど，青色で塗ってある国と赤色で塗ってある国をよくみて。何か共通する特徴があります。

> 青色で塗ってある国と赤色で塗ってある国があります。それぞれどんな共通点のある国だろう？

T　この青で塗ってある国ってどんな国？
　　先進国と言われている国だね。この赤い国は？　これから発展していく途上国だね。さっき塗ってもらった地図を見て。この赤色とさっきみんなに印をつけてもらった国と一致していない？　これは何かと言うと……。

> 5歳未満死亡率　〔カード〕

T　「5歳未満死亡率」といいます。実はこの図，乳児死亡率より少しだけ年齢を上げて，5歳の誕生日を迎える前に亡くなった子。今日一番最初には乳児死亡率といって1歳の誕生日を迎えないで死んでしまった子の死亡率というのをやったんだけど，もう少しのばして，5歳までいかないで死んでしまった子。それがどれぐらいいるかなというのを調べて，4つに色分けしたものです。
　　青色が死亡率の低い国。赤色が高い国です。はっきりと格差がわかります。赤色地帯が平均寿命の低い国と見事に一致しています。

健康の考え方——129

ということは，五歳未満の子どもの死因を探っていくと，平均寿命が低い原因を浮かび上がらせることができるかもしれませんね。
　そこで，途上国の子どもたちの健康水準の向上のための仕事をしているユニセフという国連機関が出している本『世界子ども白書』で調べて，5歳未満死亡率が高い国はどんな原因でそうなっているのか？　そのことはちょうど平均寿命が短い原因を探るヒントにもなるんじゃないかと思って調べてみました。さあ，みんなが言ってくれたことがあるかどうか？　そのまえにここ（アフリカ16国）の子どもたちがいったいどんな原因で死んでいるのかを調べてみました。

　　「下痢→脱水症状」　　〔カード〕

T　下痢ででちゃうでしょ。下痢でどんどん体のなかの水分が出ていってしまう。水を補給してやらないと脱水症状で死んでしまう。こんな子どももいます。それから，……

　　「栄養不良→衰弱」　　〔カード〕

T　栄養不良。栄養が十分取れないために衰弱していってしまう。それで死んでいってしまう。それから，……

　　感染症　　〔カード〕

T　感染症。これが三大死因だそうです。だいたい下痢や脱水症状で死んでしまう子，栄養不良で死んでしまう子をあわせて全体の3分の1。あとはみんな感染症なんだそうです。だから，これ（下痢，栄養不良）の原因になってることやこれ（感染症）の原因になっていることが，5歳未満の子どもたちの死亡の原因になっている，そして平均寿命を短くしているということがわかるんだけども，そのまた原因，死因の背景にある原因ということになると，みんながさっき言ってくれたそのものなんです。たとえば，

> 不衛生な生活環境　〔カード〕

> 食糧の不足　〔カード〕

> 「低い医療水準」　〔カード〕

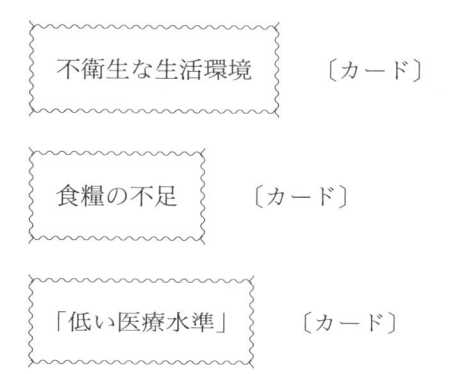

T　医療水準が低い。たとえば、お医者さんがいないとか、予防接種がなかったり、それから病気にかかっても適当な薬がないということがこういう死にいたる原因を作って、そしてとくに5歳未満の幼い子の命をうばっていく。そのことがおそらく原因になって平均寿命も短くしているんじゃないか。そこでさっきのことをまとめてみると，

> 乳児死亡率が非常に高い国ほど、平均寿命は短くなっていく。　〔板書〕

T　日本では、乳児死亡率はどんどんどんどん下がっていった。それを反映して平均寿命もどんどん着実にのびて世界でもトップクラスになった。

　　日本はとりわけ戦後、そうした問題点を改善・克服することによって、乳児死亡率を低下させ、平均寿命を延ばして、世界でもトップクラスの健康水準を達成するに至ったということです。

　　ところが、同じ太陽を見て生活をしている世界中の人たちの中には、まだ日本でいうと100年前の水準にとどまっているものもある。今は地球時代と言われていて、みんなもこれから世界のいろんな国へ行って仕事をしたり交流をしたり、あるいはスポーツをして世界大会に出たり、いろんな肌の色、いろんな国の人たちと交流をする。そこの場では一緒に仕事をしたりスポーツをしたりするんだけど、同じ空気を吸い同じ太陽を見て育っているにもかかわらずこういうこと〔3つの原因を指し〕が原因でこんな〔世界地図〕に世界中に格差がある。そのことにまず気づいてほしい。

しかし，日本も第2次世界大戦までは同じような状況にあった。それがこういう原因を克服していくなかで乳児死亡率も下がっていき，平均寿命もどんどん上がっていったということだから，日本という国がどんなふうにそのことを克服していったのか？　そのことを探っていけば，この国もいずれこうすればいいんじゃないかという方策が見つかるんじゃないかと思います。そこで，こんなことを考えてみました。

> どんな病気で死亡しているんだろう？　　〔パネル〕

T　それを考えてみました。昔の話になってしまうんだけど，たとえば平均寿命がちょうどアフリカのこういう状況だった日本。

> 　平均寿命が50歳未満であった頃，日本人はどんな病気で死んだ人が一番多かっただろう？

T　ダントツ1位は，これです。

> 　　結核　　　〔カード〕

T　結核。ダントツです。この結核にかかって成人式を迎えられない前に死んでいったたくさんの若者たちがいました。そこを乗り越えられないから平均寿命もなかなかのびていかなかった。なんと戦後まもなく，1950年まで，他の病気に1位の座を譲ることはなかった。

> 　現在はどんな病気で死亡しているだろう？

T　そこで私は，こんなことをやって調べてみました。〔新聞を取り出し，社会面をひらく〕
　　ここらあたりに死亡記事が載っているでしょう。もちろん有名な人たちしかついていないんだけどね。ここをみていくといまこんな病気で死ぬ人が多

いということがわかります。これを１ヵ月間毎日切り抜いて，死因がはっきりと書かれている記事だけを分類してみたのです。そしたらね，大きく３つの病気が多いということがわかりました。
〔台紙を３枚貼る。ただし，病名は伏せてある〕

死亡記事で１番多かった死因は何でしょう？

T　ヒントです。３位はこれ。

循環器系の疾患　　〔カード〕

T　脳梗塞，心筋梗塞……。〔新聞の記事，原因を読み上げる〕
　９人の人がこれが原因で亡くなっています。
T　２位はこれ。

肺炎　　〔カード〕

T　では，１位は？
　はい，じゃあ全員で声を合わせて一斉に答えてもらいます。隣の人とちょっと確認してもいいよ。
　じゃあいくよ。セイノー！
C　がん。

「がん」　　〔カード〕

T　その通り。がんが圧倒的に多い。〔記事の原因を読み上げる〕。ありとあらゆる内臓の諸器官ががんでおかされるということがこれをみるとわかります。こんなにたくさんの人が亡くなっている。わずか１ヵ月だよ。もっと他の病気でなくなっている人もいましたけど，病名がはっきりしているものだけでいうとがんが一番多かった。

かつては結核，今は「がん」。がんが死因順位の上位5つに登場するのは，1950年。昭和25年。戦後になってからだね。それ以降，着実に上昇し，ついに1981年にはトップにおどり出て現在に至っている。
　一方これと対照的なのが結核です。がんが5位に顔を出した1950年には1位でした。それを境に年々順位を下げ，1976年にはついに上位10位から姿を消しているのです。決してそれで亡くなる人がいなくなったわけではないよ。いまでも結核で死んでいる人たちはいます。いるけどもどんどん着実に減っている。逆にがんはどんどん増えてきたということが統計からわかります。

T　〔パネルを貼りながら〕死んではいないけど，それぞれの病気で治療を受けている人がどれぐらいいるかよくわかるので，これをみてください。

　　図「患者調査」　　　〔パネル（略）〕

T　これは，「おもな病気別にみた受療率の推移」といって，現在，どんな病気でお医者さんにかかっているか。これをね，ある1日について調査したものです。そしてどんな病気で医療機関にかかったかを見てみたら……
　この年（1955年）を100とします。そうするとそれぞれが何倍になっているかということがわかる。1990年には循環器系疾患は8倍になっている。いかに増えてきているかがわかるね。がんも例外ではありません。がんはけっこう早いうちから多かったからということもあるんでしょうけど7倍近く。一方，結核などの感染症はどんどん減っていることがわかります。
　〔新聞の切抜きパネルを指す〕これ，新聞を1カ月切り取って調べてみただけだから違っているかも知れない。だけど手がかりになるかと思ってやってみました。これが本当に当たっているかどうか？　統計で調べてみました。これが，それです。〔新聞切抜きパネルをはずす〕

　　図「死亡割合の年次推移」　　〔1940年代は白い紙で隠しておく（略）〕

T　この図を見てください。紫はその他です。じゃあ，赤と緑はなにか？　見てください。〔1940年代の白紙をはずす〕

赤は「成人病」，緑が「感染症」の割合を示しています。
　成人病というのは，がんや〔「癌」をはずす〕心臓病・脳卒中のように壮年期（大人になってから）に発病することが多い病気のことです。

｛成人病｝　　〔「ガン」のカードをはずし，その位置に貼る〕

T　〔「結核」はずしながら〕そして結核などのようにうつっていく病気。だけどこういう病気は予防接種や薬の力なんかで防いでいくことができるし治していくことができる。死に至らないですむといえばすむ。そういうのを，感染症といいます。

｛感染症｝　　〔「結核」のカードをはずし，その位置に貼る〕

T　よくみてください。年々，感染症で死亡する割合は減り，成人病で死亡する割合が増えていることがわかるね。ちょうど第二次世界対戦を境に日本で言うと乳児死亡率もどんどん下がっていった。それを反映して平均寿命はどんどんのびていった。〔「感染症」を指し〕感染症が克服されてきた。戦後，生活環境や食料の問題，医療の問題が１つずつ克服されていく。一方これ〔「成人病」を指し〕成人病はどんどん増えていっている。

健康の考え方——135

このように，病気の構造も，感染症から成人病へと大きく変化してきていることがわかります。

《まとめ》

①「乳児死亡率」や「平均寿命」を指標として現代社会の健康水準をみてきた。日本の健康水準は世界のトップレベルにあるといえるが，世界に目をむけると，まだまだ低い水準にとどまっている国も少なくない。大きな格差が存在しているのである。地球社会の一員としてこうした健康水準にみられる格差は見過ごすことのできない問題であり，とくに先進国に生きる青年の課題といえる。

②感染症から成人病への疾病傾向の推移にみられるように，「世界最高水準の長寿国」ということは，誰もが何らかの病気をかかえながら生きていく社会ということでもある。こうした時代を共に生きていくための健康の知恵を，高校の保健授業のなかで学んでいくことにしよう。

⑧ 自己実現
(高校)

　この授業プランは，大修館・保健ビデオシリーズ⑩『自己実現』（監修・指導・出演　近藤真庸）として刊行されたモデル授業を〈シナリオ〉化したものです。
　授業は，1994年，東京・藤村女子高等学校の1年生（体育クラス）の生徒を対象に実施しました。ビデオとあわせて活用してください。

◇シナリオ「自己実現」

〔授業前日，次のような宿題を課す。〕
T　今から7枚のカードを配ります。今夜，寝る前に次の作業をしてください。このカードは，明日の保健の授業で使います。必ず持ってきてください。

> あなたのこれからの10年間，つまり青年期を想像してください。
> この間に「私はこんなことをやりたい，達成したい，こんな資格を取得したい，こんなものを手にいれたい」と思うものを7つ，それぞれのカードに記入してください。

〔授業当日〕
T　青年期に「私はこんなことをやりたい，こんなことを達成したい，こんな資格を取りたい，こんなものを手にいれたい」と思うものを，昨日，寝る前に7つ紙に書いて，今日持ってくることになっていたね。どうですか？

> 机の上に，バラバラでいいから，まず並べてください。

T　どんなのが書いてあるかな？　いろいろ書いてあるね。〔机間巡視〕
　　今から先生の言うとおりに，順番に作業をしていってもらいます。作業の手順を言うから聞いてください。

> 　1つ1つ手にとってよくみながら，「これはこういうふうにやれば実現できるな」って，1つ1つについて，その手段を考えてみてください。「こうすれば，これはできる!!」となったら，そのカードを裏返しにしていってください。全部，裏返しになるまでやってみよう。時間は2分。

T　どうぞ始めてください。どんな方法で実現できるかな？　1つずつ，考えていくんだよ。「こんなふうにするとできるんじゃないかな」って……。
　〔机間巡視。生徒は真剣な眼差しで作業に取り組んでいる〕
T　はい，じゃあそこまで。

> 　いったん全部表に向けてください。

> 　今から先生が言うカードを1枚手にとってください。
> 　どういうカードかと言うと，「ぜひこれだけは実現したい」と思うもの

> です。1つ選んで,右手に持ってください。1枚だけだよ。

T　はいっ,どうぞ!
〔生徒たちは,迷いながらも1枚のカードを選択している〕
T　じゃあ,1枚選んだよという人から手をあげていってもらおうかな。そうするとわかるから。

> 選んだカードを右手に持って手をあげてください。

T　はい,手を下ろして。
　〔箱を提示〕箱を持ってきました。この中に,順番に入れてもらおうと思います。そうすると,誰が何を書いたかわからないでしょう。さあ,どんなのが入るかな?

> 今から,順番に回っていきますので,この中に入れてください。

T　さあ,全部入りました。どんなのがあるか?

> どんなのがいちばん多いと思う?

自己実現——139

> 隣の子と相談して，みんなが出してくれたカードにはこんなのが多いんじゃないかなと思うものを予想してみよう。

T こちらを向いてください。カードをきるね。どの順番になるかわからないようにね。みんなが予想したのがあるかどうか？

　せっかく書いてくれたから，どんどん紹介していきます。

〔1枚1枚読み上げていき，全員のものを紹介する。1枚紹介されるたびに，生徒は歓声を上げる。最後まで，集中して，しっかりと耳を傾けている。自分のカードが読み上げられたのか，顔を赤らめて反応を示す生徒もいる〕

T どんなのが多かった？　「教師になりたい」って言うのが多かったね。それから，「留学したい」というのもあった。意外と少なかったんだけど，やっぱりあったのが「彼氏をつくってデートをしたい」。ありましたね。

　先生もあなたたちぐらいの時があった。「彼女をつくってデートをしたい」。やっぱり思うよね。書かなかった子は？　あっ，わかった。みんな，もういるんだ。だから，「実現しなくてもいい」のかもしれない。先生はいなかったから，やっぱりこれ，結構関心が高かったんだよ。

　だからというわけじゃないけど，これについて考えてみようと思います。「彼氏がほしい」って，こう書いてあるんです。みんなでアイディアを出し

てあげてほしいわけ。だってさ，「どうしたら彼氏ができるかな」って，知りたいじゃない。それで，〈こうしたらできるよ，こうしたらいいよ〉って，失恋した経験も踏まえて，アドバイスをみんなで考えてみようと思うんだ。

> 隣どうし相談していいから，1分間，「彼氏をつくるにはこんな方法がいいよ，こんな行動をしたら実現できるよ」というのを，2つ考えてみよう。

T 相談始め。〔机間巡視をしながら，いい考えが浮かんだ子には発表してもらえるように，あらかじめ頼んでおく〕

T はい，やめて。いい考えが浮かんだかな？ じゃあ，こんな考えが浮かんだよという人，手をあげてくれる？

C 男にもてるっていうことは，優しくなるとかそういうことだと思うから，まず自分に自信を持つことだと思います。

T なるほど。そうだなと思ったら，拍手なんかしてあげると……。

C 〔大きな拍手〕

T 他に，「こんなことをしたらいいよ」というのないかな？

C 他の学校の人と交流を深めたらいいと思います。

T なるほど。スポーツとかなんかをやったりして……。どうですか？ このアイディアは。

C 〔拍手〕

T 「いやいや，まだとっておきのアイディアがあるよ」という人いない？

C 手紙とかで自分の気持ちをしっかり伝える。

T そうかぁ。私も手紙で伝えたことあるよっていう人，手をあげてくれる？ あげられないよね。先生は，手紙で伝えました。

T いろんなアイディアがでました。まだまだいろんなアイディアがあると思うから，後で教えてあげてね。彼氏がほしいっていった人にね，本当はこんなのがいいよということを教えてあげてください。

T やっぱり，そうだよね。心の中で思っているだけじゃダメだね。その時，いま言ってくれたように，自分を磨いて，そしてその人がこちらを振り向い

自己実現—141

てくれるようにするなんていう行動も大事だし，それから実際にそういう機会をつくる，あるいは手紙を書いたりしていく。やっぱり働きかけていかなかったら，気持ちは伝わらないよ。実現しないよね。悩んでいるだけじゃダメ。そこで，まず行動してみる。でも，実現できないことだってある。

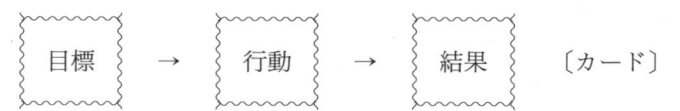

〖目標〗 → 〖行動〗 → 〖結果〗　〔カード〕

T　整理してみるよ。彼氏がほしい（「目標」）。自分を磨こう，手紙を書こう，出会いのチャンスをつくろう，ということでやってみた（「行動」）。うまくいかないこともある。なぜ，うまくいかなかったか？　それを自分で，ちゃんと評価をする。

〖評　価〗　〔カード〕

　もし，うまくいっていなかったら，目標が適切じゃなかったんじゃないか？　もっと違う彼氏がよかったんじゃないか？　本当にこの人でよかったのか？　また，こんなふうにして，「目標」→「行動」→「結果」→「評価」を繰り返しながら，自分の願っていることを実現していく。こういう一連の過程を「自己実現」といいます。今日のテーマです。

〖自己実現〗　〔カード〕

T　自分の書いたのをもう一度見てみて。
　こんどは，もう少し先の目標というか，ちょっと実現は難しそうだけれども，やっぱりこんなことをしたいなあ，挑戦したいなぁ，チャレンジしたいなぁというものもあるはずです。

「これにチャレンジしてみよう！」という"挑戦課題"を1枚。右手に持ってください。

T さあ，どんなのを選んでくれたかな？
　じゃあ，同じようにこの中にもう一度入れてもらおうと思います。
　どんなのがはいるかな？〔箱を持って回収〕
T さあ，入りました。さっきと同じようなものがでてくるかもしれないね。
人によって，目標とか課題というのは違うだろうから，どれがいちばん大きな目標なのかということも違うかも知れないから……。
　じゃあ，発表します。
　〔先生が，1枚1枚読み上げていき，全員のものを紹介する。1枚紹介されるたびに，生徒は歓声を上げる。最後まで，集中して，しっかりと耳を傾けている。自分のカードが読み上げられると，顔を赤らめて反応を示す生徒もいる〕
T みんなの「こんなことをやりたいな」という目標を，昨日書いてもらった。一人一人たくさんの夢を持っていることがわかりました。
　実は，先生も，あなたたちぐらいの年齢の時，17歳の頃，心に決めたことがある。先生がもし，「自分の今やりたいと思っていること，この10年間で自分が実現したいと思っていることを7つ書きなさい」って言われたら，この箱の中に，きっとこのカード〔1枚のカードを裏向きに提示する〕を入れたはずです。「こんな職業に就きたい」って書きました。

> 先生は，17歳の時，何になりたいと書いたのか？ 何だと思う？

C （……）
T 先生は……，これ〔カードを表向きに提示する〕。見えるかな？ 「保健体育教師になりたい」。そう思ったの。高校時代，先生は野球をやっていた。硬式野球の選手。中学校から高校に行くとき，野球をやるためだけに高校を選んだ。甲子園を目指していた。入学試験の合格発表がまだないのに，もう練習に参加していたほど……。レギュラーを約束されていた。
　ところが，しばらくすると先生よりウーンと体の大きい同級生が野球部に入ってきたんだよ。焦ったね。先生，どこを守っていたと思う？
C キャッチャー？
T そう，キャッチャー。だけど，先生，体が小さいでしょ……。その人とレギュラーを争うことになった。結局，控えの捕手に降格。でも，あきらめなかった。野球が好きだったから……。その友だち，3年生の春にクラブを辞めてしまった。そのおかげで先生，待望の「背番号2」をつけることになる。ところが，今度は後輩にやっぱりうまい子がいて，先生は「背番号2」をつけた外野手として練習をすることになった。高校生活最後の試合。甲子園大会の県予選。先発メンバーには，先生の名前はなかった。

ところが，最終回，3対1で負けているときに，先生に打席が回ってきた。2アウト，ランナーなし。「3年生の最後だから，近藤を試合に出してやろう」と監督は思ったんだと思う。カウントは2－3。球がきました。その球を先生は打ちました。ボールは，見事にピッチャーの足元を抜けて，センター前に転がっていく。先生は小踊りをしながら1塁までいく。よくドラマであるでしょう。すごく時間がかかるの，1塁ベースに行くまでに。スローモーションみたいに……。攻撃が続いてね，3－2まで追い上げたんだけど，結局は負けました。1回戦で負けちゃった。みんなは泣いてる。だけど先生は，満足感でいっぱいだった。1塁ベースに立ったとき，先生思ったんだよ。3年間野球を続けてきてよかったな，って。スポーツでもなんでもいい，苦しいことやつらいこともいっぱいあるけど，あきらめないで最後まで続けることが大切なんだ。先生はそのことを高校時代に野球部での生活を通して学ぶことができた。後輩たちに，そんな思いを伝えたい。できれば母校で野球の指導をしたい。そのためには，大学に進学して保健体育教師になろう。そう決意した。

　その夢はどうなったか？　母校で野球の指導者になることはできなかったけど，いまこうして，あなたたちの前に立って授業をさせてもらっている。高校時代に抱いていた夢が実現した。こんな素敵なことはない。先生そういう意味ではとっても幸せだなって思う。

T　こんな本があります。絵にそれぞれ言葉が添えられているね。〔星野富弘『風の旅』（立風書房）の表紙を提示する〕
　　見たことある人，いるかな？
C　（数人の生徒が挙手）
T　見たことがある？　あっそう。
　　これは，「星野富弘」という方が"描いた"本なんです。ここに花の絵があるね。そして言葉があるね。星野さんは，これ，どんなふうにして"描いた"と思う？
C　口。
T　みんなよく知ってるね。たいていは，絵というのは手で描くもの。なぜ星野さんは，口で描いたのか？　星野さんの話をします。

実は，星野さんも先生と同じように，小さいときから体育の先生になるのが夢だったの。それで，保健体育教師の道に進みました。星野さんは，器械体操の選手だった。だからね，子どもたちと放課後も一緒にクラブ活動をするような教師になりたい，そう思っていた。

　星野さん，念願がかなって，中学校に就職が決まったの。事件はその2カ月後に起こった。その日もいつもと同じように体育館で子どもたちと一緒に器械体操をやっていた。若いし，バリバリの現役だったでしょう。だからね，宙返りを試みた。ところがバランスを失って，着地に失敗。首の骨を折る。頸椎というところを痛めた。「あっ起きあがれない，おかしいぞ……」。

　最初はみんな笑っていた。だけど，様子がおかしい。「ひょっとしたら星野先生，本当に動けないんじゃないか」。

　その日から，星野さんは首から下が動かなくなってしまったのです。彼はどう思ったんだろう？　体育の先生なのに体が動かない。せっかく夢が実現したのに……。もうダメだ。自分は，もう生きていてもしょうがない。普通だったら，そう思っちゃうんじゃないかな？

　ところがね，入院している間に星野さんはいろんな人に出会う。そして，彼は考える。まだ首から上が使えるんじゃないか，ってね。トレーニングをして，リハビリをしてやれば，ここを使って何かできるんじゃないか？

　そんなとき，星野さんはきれいな花に出会う。これを描いてみたい。でも，

手は動かない。それで，口に筆をくわえてみることにした。
　見てください。この絵がそう。こんな言葉が書いてある。紹介するね。

> 私の首のように　茎が簡単に折れてしまった
> しかし　菜の花は　そこから芽を出し　花を咲かせた
> 私もこの花と同じ水を飲んでいる　同じ光をうけている
> 強い茎になろう　　　　　　（星野富弘『風の旅』より）

この花をみて，星野さんは，こんなふうに生きていこう，そう感じたんだね。
　先生ね，実は教師になったのは30歳の時。教師になりたいという夢はずっと持っていたけど，なかなかなれなかった。そんなとき，この星野さんのこの本に出会ったの。首から下が全部動かなくなっちゃった星野さんが，「まだここから上が使えるじゃないか」といって，絵に挑戦した。その時ね，僕は体を動かすことができる。星野さんの悩みに比べたらちっぽけな悩みじゃないか。よし希望を捨てずに頑張るぞ！　そう思ってやってきた。そして30の時，採用の通知をもらう。
　みんなもスポーツをやったりいろんなことをやってる。高校時代に，いろんな夢，目標を持って，これと決めたら，それに向かって果敢に挑戦してほしい。うまくいかなくてもあきらめないで……。星野さんのような生き方を僕もしていきたい，みんなにもしていってほしい。
　昨日，宿題でたくさんの目標を書いてもらった。一つひとつ本当にやりたいことだったら実現していってほしい。どうしたらできるか？　みんなで協力しあって，そしていろんな人の力を借りながら夢を実現させてほしいなと思います。
　自分の目標を持ってそして自分の可能性を最大限にいかして取り組んでいく。そうしたなかで「自己実現」がはかられる。いつも前向きな気持ちで青春時代を生きていく。そのことによって，精神も豊かになっていくし健康的になっていく。目標を持って，それに向かって生きていくことが，自己実現につながるし，心の健康につながるということです。

T　最後に1つ，みんなとこんなことをやってみたいと思って原稿用紙を持ってきました。宿題です。
　みんなはまもなく2年生になる。高校時代といっても，もう1年終わっちゃったね。テーマを決めよう。「10年後の私」。「こんなふうな私になってみたいな」という目標に向かって，そのために，高校時代をどう過ごすか？　そういう決意を原稿用紙1枚にまとめてきてほしいんだ。来週のこの時間に回収します。
　この箱の中に，一人ずつ入れていって，蓋を閉じておく。卒業式の日，クラス会をやろう。この教室に集まって，みんなで読んで，高校時代にちゃんとできたかどうか？　2年後，みんなでやりましょう。

　残った5枚のカードを表向きにして並べてください。
　もう一度，最初にやったように，ひとつひとつどうしたら実現できるか考えて，裏返してみよう。

T　1つ1つ実現していくといいね。そんな高校時代，悔いのない高校時代を送ってください。終わります。

⑨ ライフステージと健康
（高校）

　この授業プランは，大修館・保健ビデオシリーズ⑰『ライフステージと健康』（監修・指導・出演　近藤真庸）として刊行されたモデル授業を〈シナリオ〉化したものです。
　授業は，1994年，埼玉県武南高等学校の１年生を対象におこなわれました。「人生80年」のまだその５分の１を終えたにすぎない，思春期を生きている高校生に，「生涯をみとおした健康生活の設計」を学ぶことの意義を理解させることをねらったものです。健康の視点から現代社会（少子化社会，高齢社会）を照射し，「健康づくりと私たちの未来の社会」の課題と展望に迫っていけるようにしたいものです。
　授業は，ある男性と女性の思春期から老年期までの写真を見るところから始まります。ビデオとあわせて活用してください。

◇シナリオ「ライフスタイルと健康」

〔【写真①】を提示〕

> 何歳くらいに見えますか？

C　17歳？　　C　16歳？
T　実は，先生の知り合いの男性です。名前は，「小林　茂」さん。といっても，現在の写真ではありません。
　　この写真を見てください〔【写真②】を提示〕。いまから10年前に撮った写真です。家族全員で撮った写真です。
T　〔指さしながら〕おじいちゃん・おばあちゃんから，その子ども夫婦，そ

して孫の世代まで，三世代にわたる家族の写真です。

> どこにいますか？

C ……（略）
T ヒントです。この男性，茂さんはその後，保健体育の先生になりました。〔【写真③】を提示〕これが，その頃の写真です。

> どこにいますか？

C ……（略）
T 〔【写真①】と【写真③】を両手で提示〕そうだね。この男性です。
T こんどはこの写真〔【写真④】を提示〕を見てください。結婚の記念写真です。

●写真①

●写真②

T　この女性がパートナーです。名前は「美代子さん」です。
T　続いてこれ〔【写真⑤】を提示〕。美代子さんの女学生時代の写真です。
T　もう1度，この写真〔【写真③】を提示〕を見てください。
　　実は，美代子さん，ここにちゃんと写っているんですよ。

> どの子かわかりますか？

C　……（略）
T　そのとおり。この〔【写真⑥】を提示〕女の子です。そう，先生と教え子の恋愛結婚だったんだね。
　〔【写真②】を再度提示〕もうわかったかな？
C　……（略）
T　そうです。これが，茂さん。そしてこれが美代子さん。さっき，10年前の写真だって言ったよね。

⬆写真③

⬆写真④

ライフステージと健康——151

(【写真②】の茂さんを指さしながら)

何歳くらいに見えるかな？

C　……（略）
T　茂さん，70歳の誕生日のお祝いに，家族全員で撮った記念写真なのです。
T　〔最前列の男性をさして〕茂さんの息子さんたちです。4人兄弟。いずれも男の子です。
　〔【写真②】を左手にもったまま，右手で【写真⑦】を提示する〕
　　家族6人でおでかけしたときの写真です。

どの人がどの子か，わかる？ 長男はどの人でしょう？

　　　●写真⑤　　　　　　　　　●写真⑥

152──第2章　〈シナリオ〉形式による保健授業プラン

T 〔【写真②】は左手にもったまま,右手を【写真⑧】に変える〕これなら,わかるかな？

C ……(略)

⬆写真⑦

⬆写真⑧

⬆写真⑨

T　この人が長男の「やすひろ」さんで，この子。〔順に，対照させながら〕次男の「えいじ」さん。三男の「しゅうぞう」さん。そして，末っ子（四男）の「つぐあき」さん。現在ではみんな，それぞれ家庭をもっています。
　〔【写真⑨】を提示〕これが，それぞれの家族です。最近の写真です〔【写真⑨】を左手にもち，右手で【写真④】を提示〕。
　茂さんと美代子さん。茂さんは，まもなく80歳の誕生日を迎えます。

T　これまで，小林さん一家を例にして，思春期から老年期までの《人生のあゆみ》をみてもらいました。年齢を重ねていくごとに，外見も変化していくのがよくわかります。
　このように，わたしたちの一生は，心身の発育・発達の特徴や社会的役割から，いくつかの時期に区分することができます。

　│ ライフステージ │　〔カード〕

T　ライフステージといいます。
　教科書をひらいてください。
　私たちの一生は，まず胎児期からはじまります。〔順にカードを提示〕

　│ 胎児期 │　│ 乳児期 │　│ 幼児期 │　│ 学童期 │　〔カード〕

T　（「教科書」にそって解説。先生の長女の誕生から学童期までの成育過程について事例を紹介する）
　みなさんは，これまでの人生に，どんな危機を乗り越えてきましたか？「もしあのとき……」なんて，親から話を聞いたことないですか？

T　（小3の正月，自転車で橋から川へ転落。九死に一生を得た，先生の体験を紹介する）

T　そして，いよいよ思春期を迎えるわけです。

　│ 思春期 │　〔カード〕

T　つづいて，青年期。

┌──────────────┐
│　青年期　　　│　〔カード〕
└──────────────┘

T　とくに，青年期には，盛りだくさんのライフイベントがあるよね。

┌──────────────────┐
│　ライフイベント　│　〔カード〕
└──────────────────┘

T　さきほどの小林さんの例でみてみると……。

┌──────┐┌──────┐┌──────┐┌────────────┐┌──────┐
│　進学│　就職│　結婚│　妊娠・出産│　育児│　〔カード〕
└──────┘└──────┘└──────┘└────────────┘└──────┘

T　それぞれのライフステージに特有な，健康をおびやかす危険因子があります。これをリスクファクターといいます。

┌────────────────────┐
│　リスクファクター　│　〔カード〕
└────────────────────┘

ライフステージと健康——155

T　こうしたライフイベントに対応して，それぞれリスクファクターがあり，親になれば，家族一人一人のライフステージにあった健康づくりをはかっていくことが求められてきます。

> 思春期・青年期のリスクファクターにはどんなものがあるでしょう？

T　「年齢別にみた死亡原因にかんする統計」が手もとにあります。

> 高校生くらいの時期から30代前半までの死亡原因上位３つを予想してください。

C　……（略）
T　事故。そして，がん，自殺の３つが死亡原因の上位を占めています。

｜ 事　故 ｜　｜ が　ん ｜　｜ 自　殺 ｜　〔カード〕

T　そして，壮年期・老年期をむかえることになります。
　　壮年期・老年期のライフイベントとしては，

｜ 老親介護 ｜　｜ 退　職 ｜　〔カード〕

> この時期のリスクファクターにはどんなものがあるでしょう？

T　再び，「年齢別にみた死亡原因にかんする統計」で見てみましょう。

> 45歳以上の「死亡原因上位３つ」を予想してみてください。

C　……（略）

T　がん，心臓病，脳卒中の3つです。

〔　がん　〕　〔　心臓病　〕　〔　脳卒中　〕　〔カード〕

T　これらをまとめて，「成人病」といいます。
　（「教科書」にそって解説。成人病の原因は，乳幼児期からのライフスタイルと深い関係がある）

T　教科書を閉じてください。プリント（図①②）を配ります。〔図①を掲示。つづいて図②も掲示。ライフイベントのカードを図と対応させながら順に貼っていく〕

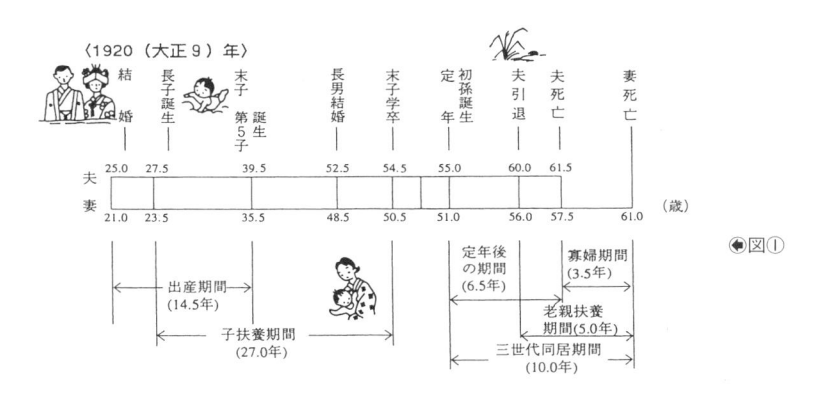

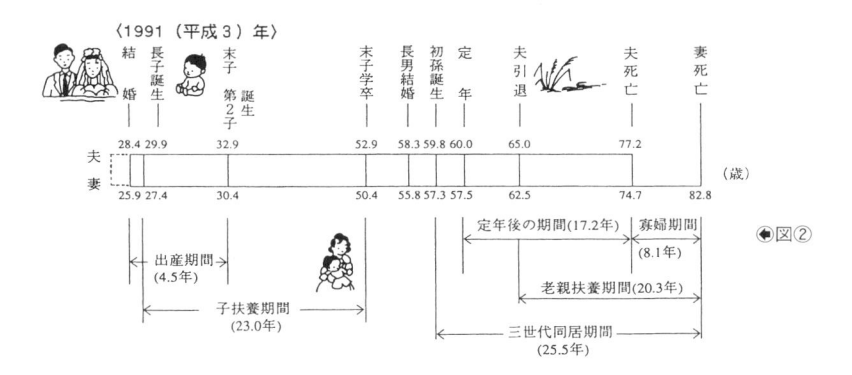

〈1920（大正9）年〉

夫　25.0　27.5　　　39.5　　　　52.5　54.5　55.0　　60.0　61.5
妻　21.0　23.5　　　35.5　　　　48.5　50.5　51.0　　56.0　57.5　　61.0　（歳）

結婚／長子誕生／末子誕生（第5子）／長男結婚／末子学卒／定年／初孫誕生／夫引退／夫死亡／妻死亡

出産期間（14.5年）
子扶養期間（27.0年）
定年後の期間（6.5年）
寡婦期間（3.5年）
老親扶養期間（5.0年）
三世代同居期間（10.0年）

●図①

〈1991（平成3）年〉

夫　28.4　29.9　　32.9　　　　52.9　　58.3　59.8　60.0　　65.0　　　　77.2
妻　25.9　27.4　　30.4　　　　50.4　　55.8　57.3　57.5　　62.5　　　　74.7　　82.8　（歳）

結婚／長子誕生／末子誕生（第2子）／末子学卒／長男結婚／初孫誕生／定年／夫引退／夫死亡／妻死亡

出産期間（4.5年）
子扶養期間（23.0年）
定年後の期間（17.2年）
寡婦期間（8.1年）
老親扶養期間（20.3年）
三世代同居期間（25.5年）

●図②

> 　2つのライフサイクル図を，出産期間，子扶養期間，老親扶養期間，寡婦期間で比較してみよう。

《板書》
- 出産期間は短縮………子どもの数が減少。晩婚化。
- 子扶養期間……………上記のわりにはあまり短縮されていない。高学歴化。
- 老親扶養期間…………定年延長をうわまわる平均寿命の延長。
- 寡婦期間………………男女の平均寿命の格差。

T　とくに老親扶養期間の延長は，少子化とかかわって高校生の今後の生活設計をするうえで重大なファクターとなります。

> 　みなさんは何人兄弟（姉妹）ですか？

C　……（略）
T　1，2人兄弟の子が多いようだね。
　一人っ子同士のカップルの場合，親は4人。そのとき起こってくる問題が「老親介護の負担を誰が担うか？」ということです。
　現在は，それを女性が一身に担っているのではないですか？

> 女性は生涯に三度老いと向かい合う　　〔カード〕

T　こんな言葉を聞いたことありませんか？
　1度目が老親の「老い」。2度目は夫の「老い」。そして自らの「老い」。
　高齢社会といわれる今日，社会的支援をいかに充実させていくかも重要な課題となっています。
　そうした現代社会の課題をみすえながら，各ライフステージの健康課題と健康づくりについて考えていきたいものです。

第 3 章
新学習指導要領時代の
保健授業を創る

①新学習指導要領を検討する
　　　——授業論の立場から——
②課題学習「脳死・臓器移植」問題をとおして,〈意思決定〉を考える
③総合学習「いま，10歳」の構想とその意義

2002年4月から，新学習指導要領にもとづく教育課程が完全実施されることになります。移行措置は，この4月からすでに始まっています。
　その中身をみると，小学校中学年「保健」の開設，〈福祉・健康〉をテーマにした「総合的学習の時間」の新設にみられるように，学校健康教育への期待の大きさがうかがえます。
　21世紀の日本と世界，地球の未来を見据えて，いま子どもたちに「何を」（内容）「どのように」（方法）学ばせていくかについて大いに議論しながら，大胆に保健授業の改革に取り組んでいきたいものです。
　本章は，①「伝達・注入型」から「触発・追究型」への授業観の転換（第1節）　②現代的な健康問題を追究する「課題学習」の展開（第2節）　③〈いのち〉を軸にした総合学習の試み（第3節），の3つのテーマで構成されています。
　第1節では，私たちの研究会（「火曜研」）で開発してきた「喫煙と健康」および「交通事故とその防止」の2つの授業プランを素材にして，新学習指導要領のキーワードの一つである〈実践的な理解〉について検討しました。
　非喫煙者，交通弱者の視点から内容を再構成した，"提案型"の保健授業モデルです。
　第2節では，「脳死・臓器移植」問題を取り上げ，高校生のAさんが臓器提供に関わる〈意思決定〉を行うまでのプロセスを"描く"なかで，新学習指導要領の解説書にしばしば登場する〈意思決定〉について検討しました。
「自分の死を創る時代」（柳田邦男）と称される現在，"生と死"にかかわる〈意思決定〉が求められる場面は少なくありません。この論考をたたき台にしてディベートを組織してみるのもおもしろいでしょう。
　第3節では，小学校4年生を対象にした総合学習「いま，10歳」の構想を紹介し，〈いのちと性〉の教育の内容と方法について検討しました。
「"2分の1"成人式」は自立のための"通過儀礼"です。「ラジオ深夜便」（NHKラジオ第1，2000年2月10日放送）の"ないとエッセイ"のコーナーで紹介したところ，リスナーからの反響も大きかったようです。
　みなさんの学校でも，ぜひ試してみてください。

① 新学習指導要領を検討する
―授業論の立場から

● はじめに

　2002年から完全実施（2000年4月から移行措置）される，"学校5日制"時代の「新学習指導要領」が告示され，その『(保健)体育編・解説書』（文部省）の刊行もすでに完了した。

　「授業論」の立場から「解説書」を読んでいくと，とりわけ中学校段階において，学習方法を示唆するような文言が随所に登場していることに気づかされる。例えば，「ロールプレイング（役割演技法）などの実習やディスカッション，必要な実験を取り入れる，課題学習を積極的に導入する」「自分で仮説を設定し，これを自分で検証したり，解決したりしようとする実証的な問題解決の態度」「見学や調査活動などを取り入れることによって，実感が伴う理解」（中学校「解説書」，104～105頁）がそれである。

　これらは，教育課程審議会答申が「(保健)体育科の改善の基本方針」のなかで示した，「体験的な活動などを通して実践的な理解を深める」を受けたものであり，新学習指導要領でも強調されている「積極的に実験や実習を取り入れたり，課題学習を行うなど指導方法を工夫するものとする」を具体化したものと解釈することができる。

　21世紀を担う子どもたちに，健康問題の解決に役立つ"生きて働く"学力を形成していくことは焦眉の課題であり，文部省が「解説書」で具体的な学習方法を提示した背景には，教育課程審議会「中間まとめ」の「知識は身に付いているが，……実際の生活に生かされていない」という分析にみられるように，「伝達・知識注入型」の授業に終始していては"生きて働く"学力の形成は困難，との現状認識があると推察される。

　本稿では，「触発・追究型授業観」にもとづく保健授業づくり研究の成果（詳しくは，拙著『保健授業づくり実践論』大修館書店，1997年を参照）を紹介しな

がら，「実践的な理解」をキーワードとする新学習指導要領時代の保健授業のあり方について検討していく。

1．「触発・追究型授業観」と保健授業づくり（中学校）
——「喫煙と健康」を例にして

新学習指導要領では，中学保健分野の「健康な生活と疾病の予防」単元に，以下のような記述が登場してくる。

> （喫煙，飲酒，薬物乱用などの）行為には，個人の心理状態や人間関係，社会環境が影響することから，それらに適切に対処する必要があること。
> （下線は引用者）

「解説書」では，これに対応して，喫煙，飲酒，薬物乱用などの行為を助長させる要因として，①好奇心，なげやりな気持ち，過度のストレスなどの心理状態　②周囲の人々の影響や人間関係の中で生ずる断りにくい心理　③宣伝・広告や入手のし易さなどの社会環境，の3つを挙げている。これら3要因に「適切に対処する」必要があることを理解させよ，というのである。

どのような授業をすれば，そのねらいが達成できるのだろう。

例えば，「喫煙と健康」の授業をつくるとしよう。

これまで私が見聞きしてきた授業実践例のほとんどは，「喫煙の害」という〈知識〉を知らせるために　①疫学的な調査データ　②ミミズの実験　③たばこ人形を用いた実験，といった教具レベルの工夫に力を注いだものであった。そして，「ホラ，こんなに健康に害があるのだから，吸わないようにしようね」とまとめるのである。「これだけでは喫煙は防止できない」というのが新学習指導要領の見解であり，上記の記述（「適切に対処」）が登場することになった，というわけである。

従来の「伝達・知識注入型授業観」からすれば，行為を助長させる3つの要因を挙げることができれば，それで事足りた。だが，新学習指導要領が求めるのは，〈実際の生活〉に生かされるように〈知識〉を身に付けさせる授業なのである。

そこで浮上してくるのが、ロールプレイング、あるいはディスカッションといった「解説書」に例示されている学習方法である。だが言うまでもなく、そうした手法を導入しさえすれば「適切に対処」できる力が子どもたちに自ずと育つようになる、というわけではない。

　教材化のポイントは、「人間の喫煙行動そのものをいかに対象化するか」であると私は考えている。

　そこで考案したのが、喫煙行動の〈観察〉である。休み時間の教員室という格好の"実験室"を活用しない手はない。あらかじめチェックポイントを決めておき、前もって予想を立てさせておいてから"実験"に臨ませるのである。

> ア　一服に要する時間（秒）
> イ　次の一服までの間隔（秒）
> ウ　一本吸い終わるまでに何服するか？
> エ　たばこの先端部分の煙を確認

　実験を終えたら教室に戻り、データを整理する。喫煙に要した時間の大半は、実際には「吸っていない」時間であり、その間も、絶えず煙がたばこの先端部分から立ち昇っていることに気づく。喫煙行動の観察は、子どもたちに新鮮な感動をもたらすにちがいない。

　そして、こう問いかけてみるのだ。

> 喫煙者は何のためにたばこを吸っているのだろう？

　喫煙者は、部屋を煙で汚し、同じ部屋にいる他人に有無を言わさず煙を吸わせるために吸っているのかもしれない。「健康を損なおうが、そんなことはオレの勝手だ！」という理屈は見事に粉砕される。非喫煙世代のうちに、喫煙者をみつめる他者（弱者）の目を育てておくことで、自他の喫煙行動をコントロールする力を培っていくのである。

　このあと、主流煙と副流煙の害の比較にポイントを絞って〈知識〉を知らせる。前述の①から③のデータおよび実験は、〈観察〉によって得た知見をより

強化してくれるにちがいない。
　ロールプレイングまたはディベートを，ここで導入するのである。
　例えば，「教員室は禁煙にすべきである」という論題で「喫煙者 VS 非喫煙者」のバトルを行う。2人1組，制限時間は2分。
　役割を交代してさらに2分間。
　結論は明解。
「たばこを吸いたければ，他人が吸っている空気を汚さないよう最大級の配慮をすべきである。非喫煙者（未成年）が出入りすることが予想される教員室のような場所は，全面禁煙にすべきである」。
　学習は新たな段階へと進む。
「禁煙マーク」を子どもたちに配布する。街で見かける，進入禁止の標識によく似たマークである。こんな指示をしてみる。

> 「こんな場所にぜひ貼りたい」というところを禁煙マークの下に記入しよう。"おかわり"が欲しい人は，取りに来てください。

　子どもたちが記入してくれたマークは，多くの人の目に触れる場所にぜひとも掲示したい。掲示するとなれば，その根拠と主張の妥当性が問われることになる。さらなる追究へと子どもたちは向かっていくにちがいない。
　学んだことが，また新たな学習課題を意識させることにつながる。こうした授業観を，「触発・追究型」という。「触発・追究型授業観」は，新学習指導要領時代の保健授業づくりのあり方に大きな示唆を与えてくれている。

2．「触発・追究型授業観」と保健授業づくり（小学校）
　　　　　――「交通事故とその防止」を例にして

「触発・追究型授業観」にたった保健授業づくりは，中学校段階の学習のみならず，小学校段階においても有効であるにちがいない。
「交通事故とその防止」の授業を例に考えてみよう。
　新学習指導要領では，「通学路や地域の安全施設の改善などの例から，様々な安全施設や適切な規制が必要であることにも触れる」（小学校「解説書」85頁）

として，保健学習全般にわたる学習方法上の留意点を次のように述べている。

> ・児童にとって身近な日常生活の体験や事例などをもとに，具体的に考えたり話したりするグループ活動，ロールプレイングなどを用いて疑似体験する活動，実験，実地調査などの実習を積極的に取り入れて指導し，実践的な理解を図ること。
> ・主体的に健康問題に取り組み，解決する力を育てる観点から課題を解決していくような学習を積極的におこなうこと。（同書,97頁,下線は引用者）

すなわち，交通にかかわる環境要因が「わかる」だけでなく，問題があるとすればどうしたら改善できるかが「わかる」こと，そうした力を育てる保健授業を，新学習指導要領は期待しているのである。

具体的には，どのような単元構成で進めていけばよいのだろう。

これまで私たちのグループで開発してきた，小学校5年生を対象とした授業「"交通事故のない街"を創る」（第2章第2節参照，初出は，『学校体育』日本体育社，1995年8月号，1996年7月号）を紹介しておきたい。そのねらいは，以下の通りである。

> 交通弱者である歩行者の立場に立って，その目の高さから交通環境を見つめることで，交通事故にかかわる環境要因に気づかせ，それを除去する方法原理を学ぶことで，交通事故が起こらない社会を展望させる。

「喫煙と健康」の学習が，〈非喫煙者の視点〉から喫煙行動を見つめさせるものであったことを想起されたい。「交通事故とその防止」の学習では，〈歩行者の視点〉から交通環境を見つめさせようと考えた。すなわち，歩行者世代にあるうちにドライバーを見つめる他者（弱者）の目を培っておこう，という発想から授業づくりを進めていったのである。

単元構成（全3時間）とその概要を紹介する。
①第1時　交通事故の"現場検証"を踏まえて，2度と同じような事故が起こらないような方策を追求させ，車のスピードを制御するためのア

イテムの存在に気づかせる。さらに，仮想の街（地図）で，アイテムの効果的な活用法を学ばせる。

②第2時　校区の地図を用いて，歩行者の立場で「交通事故のない街」づくりに挑戦させる。（第1時の応用問題）

③第3時　既成のアイテムだけでなく，斬新な方法も積極的に考案・採用させ，グループ対抗で「交通事故のない街」づくりのアイディアを競わせる（「演説会」と「投票」というイベントを導入）

「"交通事故のない街"を創る」のネーミングからもわかるように，授業を〈知識を身に付けさせる場〉であるとともに，〈知識を使わせる場〉としても積極的に位置づけようとしていることが，授業づくりの特徴のひとつとなっている。

例えば，ア）現場検証（生活体験のなかで培われてきた知識の"出力"）　イ）アイテムの仮想活用体験　ウ）現実の街での活用体験　エ）新しいアイテムの開発を含んだ街づくりへの再挑戦などの活動がそれに該当する。

注目していただきたいのは，アイディアを"出力"させるだけで終わるのでなく，「演説会」や「投票」といった学習集団による吟味・評価のプロセス（交流・批評）がそこに組み込まれていることである。

こうした"真剣勝負"の場をくぐり抜け，子どもたちはまた新たな学習課題を発見し，動きはじめるのである。「触発・追究型授業観」は，個人レベルの情報量を増やすことに傾斜しがちな「調べ学習」とは明確に区別されるべきである。

●おわりに

授業づくりの実際にそくして新学習指導要領を検討し，「触発・追究型授業観」の意義と有効性について述べてきた。

「解説書」が強調しているだけにどうしても学習方法にばかり目を奪われがちだが，方法だけが"一人歩き"することのないよう，めざすべき子ども像や目標・内容にかかわる議論を活発におこなっていくことの重要性をここであらためて強調しておきたい。

★本稿は，『学校保健研究』（日本学校保健学会，1999年12月）所収の拙稿（原題まま）に若干の加筆・修正をしたものである。

② 課題学習 「脳死・臓器移植」問題をとおして,〈意思決定〉を考える

●ドナーカード

　ここに,「臓器提供意思表示カード」(通称「ドナーカード」)と書かれた名刺サイズのカード(「シール」型のものもあり,運転免許用と健康保険証用の2種類)がある。

　臓器移植法(1997年6月17日成立)にもとづき,「臓器提供および移植医療の啓発普及」を目的として設立された(社)日本臓器移植ネットワークが,役所の窓口,保健所,郵便局,運転免許試験所,大手スーパーやコンビニなど全国で配布しているものであり,ドナーカードの配布数は,2000年4月末現在,約5960万枚に達しているという。

　いまかりに,高校2年生のAさんが,コンビニのレジ付近に置かれているドナーカードを手にしたとしよう。「そういえば,ボランティアサークルで活動している同じクラスのBさんが,定期券と一緒に持っているのをいつだったか見たような記憶がある」。というわけで,カードを家に持ち帰り,早速ペンを持って記入しはじめる。

カード(表)

カード(裏)

すぐさまいくつもの疑問が湧いてくる。当然である。
- 〈脳死〉って何なの？
- "臓器に○や×をつけろ"って言われてもなあ。どれも大事だし……
- 〈私は，臓器提供をしません〉という欄があるのはなぜ？
- このカードをもつことは義務なの？
- 記入したら，いつも持ってないといけないの？　机の中にしまっておいてもいいの？
- なんで〈家族〉の署名欄まであるの？

「臓器を欲しがっている人がいるからといって，何の知識も持たないで，そんなに気軽に記入なんてできないよ」

Ａさんの率直な感想である。

●ドナーとその家族の視点から「脳死・臓器移植」を考える

それにしても何という偶然。その日の夕刊に，「7例目，脳死移植へ　東京50代女性，提供意思示す」という見出しで，以下のような新聞記事（『朝日新聞（夕刊）』2000年4月25日付）が掲載されたのである。

> ……に入院中の50代の女性患者が25日，臓器移植法にもとづき脳死と判定された。この女性は脳死後に心臓，肺，肝臓，腎臓，すい臓などを提供する意思を示すシールを運転免許証にはって印をつけており家族も提供を承諾した。日本臓器移植ネットワーク（本部・東京）は，移植を受ける患者の選定を開始した。（中略）
>
> 移植ネットによると，女性は脳血管障害の治療を受けていたが，脳死状態になった。意思表示シールへの署名は昨年中ごろだった。病院は24日午後3時19分に移植ネットに連絡。コーディネーターから説明を聞いた家族は脳死判定の実施と脳死での臓器提供を承諾した。
>
> 病院は同夜から1回目の脳死判定，2回目は25日午前8時15分に終了。ともに平坦脳波，自発呼吸消失など5項目の条件を満たし，脳死が確定した。（後略）。
>
> （原文は縦書き。下線は引用者）

それにしても……とＡさんは考える。「この女性は，どんな情報収集にもとづいて臓器提供の〈意思決定〉をし，意思表示シールへの記入・署名という〈行動選択〉をしたのだろう？　『脳死判定の実施と，脳死での臓器提供を承諾』する際，家族はコーディネーターからどんな内容の"説明"を受けたのだろう？」

　これらの点について，新聞記事は何も言及していない。マスコミにとっては，そんな"事情"などはどうでもよいことなのかもしれない。肝心なことは，この女性がシールで臓器提供の意思表示をしており，家族もそれを承諾したという"事実"なのだ。

　そのときＡさんの頭に浮かんだのは，Ｂさんの定期入れの中にあったドナーカードであった。

「Ｂさんの場合は，どうなのか？　お父さんは，Ｂさんがドナーカードを携帯していることを知ってるのだろうか？」

　そう考え始めると，居ても立ってもいられなくなるのがＡさんの性分である。早速，Ｂさんに電話。夕食後，Ｂさんの家を訪ねる。

●私の〈意思決定〉――Ｂさんの場合

「ドナーカードを持ち歩くようになったのは，２年前，母が交通事故で亡くなってしばらくたってからのことなの」

　Ｂさんは，母親と過ごした最後の日々について語りはじめる。

「救急車で病院に運ばれたときにはもう意識はなかった。集中治療室に入れられ，人工呼吸器がつけられた。『できるだけのことはやってみます』。お医者さんの言葉に涙がこぼれそうだった。脳低体温療法という最高の救命処置がとられた。しばらくして，お医者さんから脳死状態にあることを告げられた。つまり，『もう助からない。遠からず確実に死に至る』と宣告されたのだった。でも，すぐには信じられなかった。だって，心臓は動いているのよ。脈もとれるし，触れると肌は温かい。ときどきピクッと動くの。『母は眠っているだけなんだ，そのうちきっと目を覚ますに違いない』。そう思っていた。

　１週間たっても，母はまだ眠り続けていた。心臓の働きがしだいに衰えていくのを感じながら，『お医者さんの言われたことは本当かもしれない。これか

らの日々は，母と過ごすかけがえのない時間になるかもしれない』と心に言い聞かせた。ずっと後になって，父も同じことを考えていたことを知った。母はついに目を覚ますことなく"その日"を迎えた。あの10日間があったから，私は母の死を受け入れることができたのだと思う」

　Bさんから，突然，高知赤十字病院での臓器摘出の話題が飛び出す。
「高知の病院で第1例目の臓器提供者が現れたというニュース，覚えてるでしょう？　ちょうど1年後，母の命日だった。
　ドナーは母と同じ年頃の40代の女性だった。『家族は大変だろうなあ』と，父がテレビの画面を見つめながらつぶやいた。
　母はドナーカードを持っていなかった。その存在すら知らなかったのかもしれない。そのおかげで，私たち家族はゆったりとした時間のなかで母の死を迎えることができた。もし母が臓器提供の意思表示をしていたら，その時間を奪われていたかもしれない。
　もちろん法律では，臓器移植も，その前提となる脳死判定も，たとえドナーカードに本人が署名していても，家族が拒否できることになっている。でも実際は，勇気がいるだろうね。『ノー！』という意思表示をするのは……。高知の例を見てもわかるように，マスコミをはじめ周りがそれを許さない雰囲気を作り出してしまう。たとえ予備知識があっても，どんなに丁寧な説明を受けたとしても，とても冷静な判断などできるはずがないわよね」
〈母親の死〉と〈高知での臓器摘出〉。2つの事件のおかげで，私，決意したの。ドナーカードにはっきりと意思表示をしておこう，って……」
　Bさんが下した結論は，つぎのようなものであった。

> ③．私は，臓器を提供しません

●〈承諾意思表示方式〉と〈反対意思表示方式〉

「『提供をしません』に〇をつけるの，けっこう勇気がいるのよ。エゴイストみたいに見られちゃうでしょ。でも，"愛の贈り物"とか"命のリレー"といった宣伝だけで，臓器提供の諾否を判断してはいけないと思ったの。

もちろん，3番に○をつけたカードを持ち歩かなくてもいいのよ。持っていなければ，『臓器提供の意思なし』と見なされるわけだから……。これが〈承諾意思表示方式〉。

　日本の臓器移植法は，『すべての人間が臓器を提供する意思をもっている，とはいえない』という立場からこの方式をとってるんだけど，外国では，『およそ人間は死後の臓器を提供する意思を有しているのが通常であり，それを望まないという意思が表示されない以上，臓器を摘出することが，本人の自己決定に沿う』と考える立場から〈反対意思表示方式〉を採用しているところもあるそうよ。『まだ考えがまとまらない』人からも臓器を摘出してしまおうというわけ。そんなの私は納得できない。

　少なくともいまの日本は〈承諾意思表示方式〉をとっているのだから，あせらなくていいの。しっかり学習して，じっくり考えてから決めればいいのよ。それまでは〈態度保留〉でもいいわけ。

　それにしても政府（厚生省）は国民への情報提供を怠っていると思わない？あなたが疑問をいだくのも当然よね。ドナーカードには何の説明も書かれていないのだから……。それなのに，『いずれかに○をつけなさい』だって。〈意思決定〉も，確かな情報が与えられてはじめて可能なはずでしょう。インフォームドコンセント（説明と同意）を，病院での医者と患者だけの関係にとどめないで，社会一般にまで広げていく必要があると思うの。移植医療の健全な発展のためにも……」

　帰りがけに，「この本をぜひ読んでみて。よかったら，あなたの感想，聞かせくれるとうれしいわ」と言って，Ｂさんは書棚から本を2冊取り出し，Ａさんに差し出す。1冊は，柳田邦男『犠牲（サクリファイス）　わが息子・脳死の11日』（文春文庫，1999年6月），もう1冊は，高知新聞社会部「脳死移植」取材班『脳死移植　いまこそ考えるべきこと』（河出書房新社，2000年2月）であった。

　以下に紹介するのは，「Ｂさんに宛てた手紙」の形式を借りてＡさんがまとめた，保健の「課題学習」レポートからの抜粋である。

●レポート「私の〈脳死・臓器移植〉論」──Bさんへの手紙

　貸していただいた本，あなたの顔を思い浮かべながらイッキに読み終えたところです。とくに柳田さんの本には，家族の視点（2人称の死）から「脳死・臓器移植」をとらえることの大切さを教えられました。
　たしかに，死はなによりもその人本人のものであり，本人の意向がまず尊重されなければなりません。しかし，家族や愛する者にとって，死にゆく人との別れの時間はとても大切で尊いものです。移植医療は，そうした"看取りの時間"を大切にしたいとする家族の思いを尊重するものでなくてはならないでしょう。高知の事例は，家族が愛する者の死を受け入れるのに必要な"看取りの時間"を完全に奪うものでした。
　こうしたなかで，いま臓器移植法施行後3年目を迎え，"見直し"作業が急ピッチで進められようとしています。「本人の意思表示がなくても，家族の同意があれば，臓器は摘出できる」ようにするかどうかが争点の一つとなっているようです。
　ドナー不足（脳死は全死者の1％。ドナーカードの所持率は，全配布数の3％弱）の実態を考えたとき，ドナーを増やすのにもってこいのアイディアかもしれません。意思表示の有無を問わなければ，たしかに〈15歳未満の子どもへの臓器移植の道〉も開けるでしょう（民法の規定に準じ，15歳未満の意思表示は「法的効力なし」）。
　そうだとしても，ドナー本人の〈意思決定〉の尊重という点からも，また残された家族にこれ以上の精神的負担を強いないためにも，「本人の意思表示がなくても，家族の同意があれば，臓器は摘出できる」という案を認めるわけにはいかない，そう判断するに至ったのです。
　私のドナーカードはずっと机の上に置いたままになっています。当然，まだ署名はしていません。もう少し時間をかけて情報を集めよう。〈意思決定〉はそれからでも遅くない。いまはそう思っています。

★書き下ろし

③ 総合学習 「いま, 10歳」(小学校4年生)の構想とその意義

　2002年から実施されることになる新教育課程の目玉のひとつは,「総合的学習の時間」である。「福祉・健康」の視点からどう切り込んでいくかが問われている。

　本稿では, 総合学習「いま, 10歳」の構想を具体的に紹介しながら, ①「10歳」＝「小学校4年生」の時期に着目することの意味　②「性教育」に"自分探し"という方法的視点を導入することの意義, について考察する。

● "からだとこころ"の卒業式

　黒板には「"からだとこころ"の卒業式」の文字が朱書きされ, その上方には「みんなちがって, みんないい！」の標語が掲げられている。

「鏡の中を　のぞいてごらん　素敵な自分に　出会えるよ
　自分の中で　自分の中で　自分の中で　どこが好き　……」

「学級の歌」として, うれしいときも辛いときも, 楽しいときも悲しいときも, 32名の子どもたちと何度となく口ずさんできた「いいネ！」(詞・高氏圭子, 曲・こんどうひろあき) のなかの1節である。
「『からだとこころの卒業式』を始めます」
　担任の岩田先生の声を合図に, 大きな拍手に迎えられて1人の女性がドアから入場する。養護教諭の吉村先生である。画用紙のようなものを何枚も両手で抱えている。岩田学級の子どもたち32名の"世界中, いや歴史上に1つしか存在しない卒業証書"である。
　夏休み前まで, 「保健室登校」をしていた子どももいた。ケンカをしてアザをつくった, ガラスを割って手を切った, などといっては吉村先生の手をずい

ぶんとわずらわせた1年間であった。

　子どもたち1人1人の名前が呼ばれ，吉村先生から次々と"卒業証書"が手渡されていく。入学してから卒業するまでの6年間の「からだの成長（身長）記録」（1年ごとの伸びを棒グラフであらわしたもの）である。そこには，彼女の手書きの文字で「こころの記録」（メッセージ）も記されている。

● "いのちと性"のカリキュラム

「からだとこころの卒業式」は，数年前から私が提案している「"自分探し"の性教育」と銘打った小学校「"いのちと性"の学習カリキュラム」のエンディングを飾るプログラムである。

"いのちと性"の学習カリキュラム（試案）

〈1999年5月現在〉

1学年	◎みんなちがって　みんないい
2学年	◎ふしぎなメガネで見てみたら
3学年	◎おなかの中の〈わたし〉
4学年	◎総合学習「いま，10歳」
5学年	◎出会い　思春期のからだ ◎〈わたし〉のルーツを探る旅 ◎飛び出せ！　未来の子どもたち
6学年	◎生きることの意味 　　　エイズについて考えよう！ ◎生き方宣言 　　　"からだとこころ"の卒業式

　このカリキュラムの特徴は，生物としての人間一般の生命・性ではなく，現在を生きている"からだとこころ"をもった〈わたし〉を対象にしているところにある。「自分って何だろう？」という問いが，全学年にわたって貫かれているのである。

　カリキュラムの軸となっているのは，小学校4年生の時期に行う総合学習「いま，10歳」である。夏休みに家族ぐるみで取り組む「押入の中の"自分探し"」から始まり，誕生会，スピーチタイム，「自分新聞」づくり，そして1月の第3土曜日に行われる「"2分の1"成人式」へと連なっていく，半年間の実践がそれである。

●総合学習「いま10歳」

「念願の4年生担任になりました」と言って，岩田先生が興奮した様子で私の研究室に訪ねてきたのは，4月始めのことであった。総合学習「いま，10歳」の実践に取り組んでみようと決意してやってきた，というのである。

　夏休みが明けた9月上旬のある日，岩田先生が再び研究室を訪れる。紙袋がいっぱい詰まったダンボール2箱を抱えて……。夏休みの宿題として子どもたちに課した「押入の中の"自分探し"」活動の"成果"である。
「『押入の中，物置の中に，いまのあなたに連なる"自分"がいる。あなたの作品，あなたが使っていた想い出の品物，家族が残した記録の類。それぞれの物にまつわる事件（エピソード）を聞き書きして，その証拠の品物（写真に撮ってきてもよい）と一緒に聞き書きしたノートを提出してください』という宿題を出したところ，こんなに集まってしまった」と，うれしい悲鳴。「来週から，子どもたちにこれをもとにスピーチをさせてみようと考えているのですが……」という相談であった。
「"月命日"の発想というのはどうだろう。誕生日の，ちょうど"日"が一致した日にその子ども（たち）がスピーチするわけ。毎日しなくたっていいんだから。その日の学級通信は「○○さん特集号」。みんなからのメッセージを寄せ書きにして記念写真を添えてプレゼントする，なんてのもいいね。いっそのこと，教室のうしろの黒板を"色紙"にして，その前で記念写真を撮ったら……」

　私のこうした"思いつき"をすぐに実行してくれるのが岩田先生のよさでもある。実践の様子は，彼が日刊で出している学級通信で伝えてくれてはいたが，やはり"現場"を覗きたくて，1度だけ「スピーチ」の場に参加したことがあった。

●「押入の中の"自分探し"」から「スピーチ」へ

　この日はたまたまS君ひとりだけの発表となっていた。小柄でおとなしそうなS君が小石を1つ手に握って教壇に向かう姿を見たとき，私はそこにドラマが生まれる予感がしていた。

「この石は，ぼくが病気で入院していたときに，父さんがシンガポールから届けてくれたものだそうです。2歳のときのことなので，もちろんぼくは覚えていません」
　S君は，小石を前に差し出すようにして，こう語り始めたのだった。
「母さんから聞いたのですが，父さんはぼくが生まれてすぐに会社の仕事でシンガポールの工場に行くことになったんだそうです。でも，ぼくがまだ小さかったので，母さんとぼくとお兄ちゃんを残して，父さんはたったひとりでシンガポールに行くことになったのです。ぼくが病気で入院したことは，父さんが心配するといけないというので，はじめは知らせなかったそうです。手術をすることが決まったときに初めて，電話で連絡したのだそうです。父さんは『すぐに帰る』と言ったそうですが，母さんは『あなたがいなくなると会社の人たちに迷惑がかかるでしょう。子どものことは私に任せて，父さんは安心して仕事を続けて！』と答えたそうです。
　しばらくして，父さんから荷物が届いたそうです。それが，この小石です。父さんからの手紙も添えられていました。この夏休みに，物置を整理していたとき，箱の中からぼくが見つけたのです。父さんの名前が書いてあります。お守りがわりだったのかもしれません。ぼくは，手術後，退院するまでこの石をおもちゃのようにいつも手に持って遊んでいたそうです。
　父さんは，間もなくして向こうで体をこわし，日本に帰ってきましたが，すぐ入院してしまったので，ぼくは父さんのことはあまりよく覚えていません。それから半年もたたないうちに死にました。ぼくが幼稚園に通い始めた頃です。
　この石と手紙の入った箱を見つけたとき，母さんが，『こんなふうに父さんと"再会"できるなんて……。宝物にしようね。父さんの分まで元気に生きなきゃね』と言いました．。大切にしようと思います」
　大きな拍手が起こった。私も，6歳の時に死別した父のことを思い重ねながら，このS君のこれまでとこれからに拍手を贈ったのだった。
「今日まで知りませんでした。病気で亡くなったとは聞いていましたが……。わずか10年しか生きていないのに，どの子もそれぞれの歴史を生きてきているのですね。その1人1人がこの教室で出会い，触れ合い，喜びや悲しみ，楽しみや苦しみを分かちあって過ごしているのですね。大事にしなくてはいけない

ですね。この子たちとの1日1日を……」
　通信教育で教員免許状を取得し、教員採用試験に何度も挑戦して先生になったという岩田先生が、授業後、私に語った言葉である。

● 「自分新聞」づくりから「"2分の1"成人式」へ

　全員のスピーチが終わると、11月からは「自分新聞」づくりがはじまる。模造紙1枚に「10年分の自分史」をまとめていくのである。
　自分の生い立ちを、誕生の頃からのスナップ写真で紹介し、その1つ1つに丁寧なキャプションを付けている子ども。「10歳のあなたへ」と見出しがつけられた「家族の人からの手紙」を貼っている子ども。さらには、「かけがえのない地球。40億年、生命の歴史。私のいのちのルーツ」と銘打って、"家系図"づくりのアイディアを思いついた子ども。
　「自分新聞」を作るなかで、子どもたちが「10歳の"自分"、他の誰でもない"自分"」を発見してくれたら……、という岩田先生の意図を、子どもたちは見事に汲み取って実現していった。
　夏が過ぎ秋を越した子どもたちは、この頃になると、たくましささえ感じられるほどに成長している。4年生になったばかりの頃は、「思春期」なんてまだまだだと思っていたのに……。
　10歳の誕生日を迎える4年生の時期は、成人への"折り返し点"にあたる。ここまで生きてきたその足跡を確かめ、向こう10年、20歳までを見据えて今の自分の課題をみつける。名付けて「"2分の1"成人式」。1月の第3土曜日の午前中のすべての時間を当てて、学級開放（「授業参観」ではない）をする。最後の45分間は、セレモニーの時間である。
　12月に入ると早速、岩田先生は1カ月後に予定されている「"2分の1"成人式」の準備にとりかかっている。当日のプログラムを考えたり、家族だけでなく地域の人たちにも参加してもらえるように、チラシやポスターを役割分担を決めて作成・配布するのである。
　そしていよいよ「"2分の1"成人式」の本番。4年2組の教室も廊下も、壁という壁は全部「自分新聞」で覆い尽くされている。その前に子どもたちが誇らしげに座っている。父母だけでなく、老人クラブの人たちの姿もある。子

どもたち自身でポスターやチラシを作成・配布して，参加を呼びかけてきた成果である。

受付には，子どもたちの写真入りプログラムが並べられている。プログラムには，1人1人の子どもの「10歳の決意」が短い言葉で載っている。
"何にでもチャレンジしたい！"（A子）
"おもいやりのある人になりたい"（B男）
"ピアノの先生になる夢，がんばりたい"（C江）

黒板には，「新聞を読み終わったら，私たち1人1人に一言でいいですから言葉をかけてあげてください」（実行委員会）とある。教室の隅々で，交流の輪ができている。

この日のクライマックスの時間が刻々と近づいている。子どもたちも座席についたようだ。参加者は廊下にまであふれている。

「『"2分の1"成人式』のセレモニーを始めます。全員，黒板の前に整列してください」。司会進行は，実行委員長の子どもがつとめている。

子どもは名前が呼ばれると1人ずつ前に出て，「10歳の決意」が記された自筆のプラカードを提示しながら，それを元気よく読み上げていく。

全員が整列し発表が終わると，こんどは父母たち参加者の出番である。この日のために練習を重ねてきた合唱曲「メモリー―"2分の1"成人式によせて」（詞・井土晶子，曲・こんどうひろあき）が披露される。

「桜咲く頃　生まれたあなた　初めて胸に　抱きしめたとき
　ちっちゃくて　ふわふわで　でも不思議なほど
　強いと感じた　あなたの生命力（ちから）……」

子どもが着席したのを確認すると，岩田先生は教卓の下から1枚の模造紙を取り出し黒板に掲示した。「いま，40歳」と書かれた模造紙である。この日に向けて，密かに作成された作品である。岩田先生の"教師になるまでの道"と教師生活の想い出，子どもたちとの10カ月間の記録を綴ったものだ。

最後に，岩田先生自らの手で，まっさらな便箋と封筒が子どもたち1人1人に配布される。「20歳の自分への手紙」である。差出人は，「10歳の自分」。

岩田先生は語る。「手紙は先生が10年間保管しておきます。10年後，成人式の日，この教室で君たちを待っています。誰ひとり欠けることなく，この町に，この教室に戻ってきてください。再会を楽しみにしています。世界で1つしかない自分を大切にしてください」と。
　冒頭で紹介した，「"からだとこころ"の卒業式」が行われるのは，その2年後のことである。

●「10歳」＝「小学4年生」への着目

　教師になりたての教え子にたずねてみると，「4年生の担任をすることになりました」という回答が返ってくることが少なくない。小学校ではどうも，「若い先生には，難しい低学年や高学年は避けて，比較的やりやすい中学年を担当してもらおう」という配慮がなされているようなのである。
　では，小学校の中学年という時期は，思春期への通過点にすぎないのだろうか？
　この点について，臨床心理学者の河合隼雄は，「小学3，4年生は発達的にあまり重要な時期でないと思われると，それは困る」として，子どもの心理療法にたずさわっている立場から，「小学4年生」を「子どもが大人になるための大切な第1の関門」と位置づけている（河合隼雄『〈うさぎ穴〉からの発信』マガジンハウス，1990年，200頁）[1]
　すなわち，河合によれば，「小学4年生の関門は，外見的には何の苦もなく通り越してしまうので，あんがい見逃されやすい」（前掲書，201頁）のだが，「『自分』というものがわかってくる。それが10歳のころ」であり，「10歳のところに自我体験（「『私』というのがいる」「『私』はひとりだ」ということを意識すること）の節目がある」というのである。（『Q＆A　こころの子育て』朝日新聞社，1999年，106頁）
　私の少年時代を振り返ってみても，たしかに「小学4年生」に一つの"変わり目"があったように思われる。
　それまでは，学校から帰ると近所の友だちと一緒に遊んで過ごしていた私が，自分にない魅力（理科が苦手だった私にとって，星座や植物のことを"学者"のようによく知っているクラスメイトは魅力的だった）を持っているO君の家に，自

分から「遊びに行ってもいい？」と言って初めて訪ねたのが「小学4年生」であった。

"学者"肌のO君はたまたま"運動音痴"であったようで、"スポーツ万能"の（ように見えた）私に興味をもってくれたらしく、いつの間にか私たち2人を核とする数人（女の子はいなかった）のグループが出来上がっており、誕生会やクリスマス会などのイベントはもちろん、担任の先生の自宅にみんなで押し掛けることなどもした。

私にとっては、まさに"群れ"としての「友だち関係」というこれまでの「古い絆が断ち切られ、新しい絆がつくられていく」体験であり、河合の言う「自立のための『通過儀礼』」であったのかもしれない（『〈うさぎ穴〉からの発信』、159頁）。

「自立のための『通過儀礼』」が、その後にやってくる「思春期」へのスムーズな移行を可能にする必要条件であるとしたなら、それを体験することなく過ごしてしまったり、人間関係でつまずいてしまった場合、その"ツケ"が「思春期」になってから現れることが予想される。[2]

総合学習「いま、10歳」と銘打って、「小学4年生」の時期の"いのちと性"の学習を重視し、しかもそこに「通過儀礼」的な要素を盛り込もうとしたのは、以上のような理由からであった。

●「性教育」における"自分探し"という視点

近年、学校現場では「性教育」の授業参観に積極的に取り組むところも増えており、読者のなかにも「性の授業」をご覧になった方がいるにちがいない。

主題名を見ると、〈からだの清潔〉〈赤ちゃんはどこから〉〈男の子のからだとこころ、女の子のからだとこころ〉〈男女仲良く〉〈二次性徴〉〈月経と射精〉のいずれか（なかには、〈性交〉の授業に遭遇した方がいるかもしれない）を取り上げることが多いようだ。

すなわち、小学校の「性教育」は、〈わたし〉は脇に置いておいて、男女の標準的な"からだ・こころ・性"を学ぶ時間となっているのである。"自分探し"という視点は、完全に欠落している。[3]

これに対して、200万部をこえるベストセラーとなった『大往生』（岩波新書、

1994年)の著者・永六輔は,「性教育」のあり方について,『もっとしっかり,日本人』(NHK出版,1993年)のなかで,次のように述べている。
「大事なことは『命』の教育なんですね,『命』の。(中略)この世にうまれて,そしてだんだん大人になり,いずれは年老いてきて,やがて死ななきゃいけないんだということを教えてほしい。(中略)『命』というものがどういうふうにわれわれが伝えてきて,これから伝えていくものなのかということを中心にして教えながら,その中に性教育という部分もある,という形で性教育を考えていただきたい」(28頁〜30頁)
私もかねてから,「性教育」を"生と死"を考える教育」の一環として位置づけられないかと考え続けてきただけに,永六輔が主張する「命」をキーワードにした性教育,とりわけ「死」を"性教育の不可欠なテーマ"にすることに賛成である。[4]

子どもの"生きる力"の衰退が指摘されて久しい。
「"自分探し"の性教育」の実践はまだ緒についたところであるが,全国各地の学校・地域にひろがっていくことを願ってペンを置くことにする。

【註】
1) 初出時(1985年)のタイトルは「小学4年生」。
　この論文のなかで河合は,「小学4年生」に注目するようになったきっかけが,大人と同じ神経症の症状をもって,親に連れられて来談する子どもが「小学4年生」であると気づいたことにあったとしている。
　河合は,それ以前から,もちろんその後も,繰り返し「小学4年生」問題を論じている。
　例えば,今江祥智の『ぼんぼん』という作品を取り上げる際,「主人公の洋が小学4年生である点に注目して,この年齢の子どもの内面がどのようなものかを,作品に則して考えてみることにしよう」というように,「小学4年生」を分析の方法的視点とし,とくにこの時期に遭遇する「古い絆が断ち切られ,新しい絆がつくられていく」体験を「自立のための『通過儀礼』」として重視している(前掲書所収,初出は1980年)。
　また,対談集『あなたが子どもだったころ』(光村図書,1988年)では,作

家の田辺聖子の「小学4年生」時代の体験談を受けて，河合は「ぼくはね，小学校4年生というのは，すごくおもしろいと思っています。どうも4年生あたりに1つの転回点がありましてね。だから苦労している子が多いんです。どこかで今までのパターンと変わろうとしているんです。それがうまくいかないからギクシャクしたり……」(49頁)と発言している。

最新の著作『いま「いのち」を考える』(梅原猛，松井孝典との共著，岩波書店，1999年)，のなかでも，「小学4年生」に言及し，「ぼくは小学校4年生という研究をしたらいいと思うぐらいなのです」(135頁)とまで発言している。

"「小学4年生」研究"の素材として，私が注目している児童文学作品に，泉啓子『風の音をきかせてよ』(岩崎書店，1992年)，同『サッコが行く』(童心社，1994年)，岡田淳『もうひとつのぼくも，ぼく』(教育画劇，1992年)がある。いずれも，小学4年生である主人公の内面の成長を描いていて興味深い。

また，教育評論家の斎藤次郎が「小学4年生」の教室に1年間"留学"したときの記録をまとめた『気分は小学生』(岩波書店，1997年)，「小学4年生」を対象としたカウンセリングの記録である，岩宮恵子『生きにくい子どもたち』(岩波書店，1997年)も，この時期の子どもを理解するための重要な手がかりを与えてくれるものとなっている。

2) 養護教諭の研究会で，「小学4年生」問題について私が述べると，参加者から「中学校で"保健室登校"している生徒の口から，まるで申し合わせたように『小学4年生』のときの"つまずき"が語られることが多い」という発言が飛び出したことがあった。岩宮恵子『生きにくい子どもたち』(岩波書店，1997年)に紹介された事例がいずれも「小学4年生」の子どもであったことと考え合わせると，「小学校において，4年生をひとつの盲点にしてしまわぬように注意して頂きたい」(『くうさぎ穴〉からの発信』，202頁)という河合の指摘を，私たちはしっかり心にとどめておく必要があろう。

3) 性教育の現状と問題点については，朝日新聞の記者である西垣戸勝が，『性教育は，いま』(岩波新書，1993年)のなかで，豊富な取材体験をもと

に整理しているので参照されたい。
4）前掲の「"いのちと性"の学習カリキュラム（試案）」の6学年「生きることの意味―エイズについて考えよう」に注目していただきたい。
　　実はこの授業，エイズで亡くなったライアン・ホワイト少年の物語を教材化したもので，たんなる"エイズ予防教育"ではなく，死にゆく人の姿を通して自らの生き方を学ぶという"死の授業"を意図したものであった（拙著『エイズ教育の進め方』日本性教育協会，1996年）。

★本稿は，岐阜大学地域科学部編『〈いのち〉を問う』（東京新聞出版局，1999年）所収の拙稿「"自分探し"の性教育」に若干の加筆・修正をしたものである。なお，本稿で紹介した合唱曲「いいね！」「メモリー」は，ＣＤアルバム『おもしろ健康百歌』（企画・監修・近藤真庸，徳間ジャパンコミュニケーション）の第3巻と第8巻にそれぞれ収められている。問い合わせ，申し込みは，（株）Ｃ・オーグメント（☎03-3466-9471）まで。

付録1〈シナリオ〉

出会い"思春期のからだ"（小学校4年生バージョン）[*0]

◆授業者[*1]　T　岩田先生（担任）
　　　　　　　Y　吉村先生（養護教諭）
◆子ども　　　C　4年1，2組（44名）
◆ゲスト　　　G　1年生，5年生，6年生
　　　　　　　　　（それぞれ男女1名）

◆教師が用意するもの
- 1〜3年までの個人の伸びを示した紙テープ（1色，人数分）
- 4〜5年の伸びを予測するための紙テープ（1色，人数分）
- グラフを作る台紙（8つ切り画用紙・人数分）
- 黒板用　紙テープ（2色，2人分）
- 黒板用　グラフ　（模造紙　小1〜小6まで，中1〜高3まで）
- 黒板用　教師の似顔絵（2人分）
- 簡易身長計（または古い身長計）
- フラッシュカード（6枚：『3本テープがはれた』『→毎年，背が伸びた』『3本が同じ長さではない』『→背の伸びた長さは毎年ちがう』『同じグラフはない』『→背の伸び方はひとりひとりちがう』）
- 名札（『1年生の時の岩田先生』『4年生の時の岩田先生』『5年生の時の岩田先生』『6年生の時の岩田先生』と『1年生の時の吉村先生』『4年生の時の吉村先生』『5年生の時の吉村先生』『6年生の時の吉村先生』）

◆子どもが用意するもの
- はさみ，のり（指示をするまで，机の中）

「*」印が付された番号は演出ノート（p.202〜）の番号と対応しています。

C 〔机の上には何も出ていない〕
C 〔グループ活動がしやすいように机を島型*2に並べて待っている〕
T 〔教室に担任の岩田先生（男）が入ってくる〕
Y 〔少し遅れて養護教諭の吉村先生（女）が，教室の後ろに入ってくる〕
T 〔机の上に何も出ていないか，目で確認をする。出ていたら片付けさせる。*3〕

　　最初に，みんなに配るものがあります。

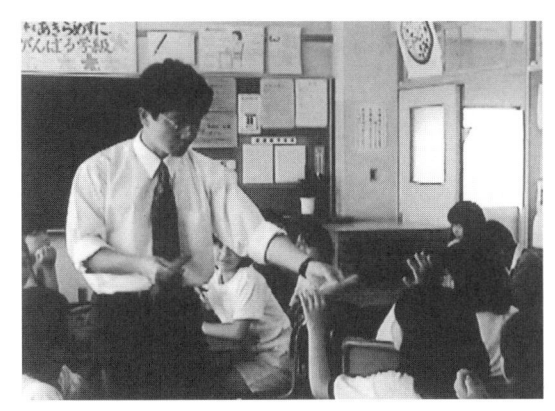

◉写真①

「紙テープを配ります。
何を表しているのかな？
安達さん」

「ハイ」

〔といって各グループを回りながら〕須磨くん，はい，これどうぞ。
〔1年生のときからの身長の伸びの長さを測りとった紙テープ*4を1人1本ずつ渡していく。子どもには紙テープが何の長さを示しているか，まだ言わない〕

T 安達さん，はい。〔と言って，全員に配っていく〕【写真①】
C 何，これ？
C 同じ？　あれ，長さが違うね。
T 〔子どもに配ったものと同じテープを横にして見せながら〕

　このテープの長さは何を表しているのかな？

C 足の大きさ？
C 手の太さかな？

C 〔体のいろいろなところに当てたり，巻いたりしている〕
T ヒントね。全員立ってください。

> テープの端を左手で持ってごらん。そしたらこうして，おでこのところにあてて，右手でこう〔右手をテープの下端に当てる〕してごらん。

C 〔左手でテープを持ち，右手をテープの下端にあてる〕

> 床から右手の位置までの長さは，何を表していると思う？ *5【写真②】

C うーん？ えーっ？
C 背の高さ!?
T そう。テープの下のところが一年生の時の背の高さだったんだよ。
C そうかー。わかった！

◉写真②
「床から右手の位置までの長さは，何だろう？」

C この右手のあるところが1年生の時の背の高さか。
T そのとおり!! 床から右手までが，1年生の時の背の高さです。と言うことは，それより上にあるテープの長さは……？
　みんなが1年生から4年生になるまでに伸びた背の長さなのです。
　みんなずいぶん大きくなったんだね。

> 今日は，みんなが1年生のときから3年間でどんなふうに伸びてきたのかを見ていきましょう。

T　座ってください。
〔「体の成長グラフを作ろう」と板書をする〕
T　先生のほうにおへそを向けてください。*6
　3年間でどんなふうに背が伸びてきたか，よくわかるようにグラフを作ります。
　このテープは1年生から4年生までに伸びた背の長さでした。今からこのテープを1年生のときに伸びた背の長さと2年生のときに伸びた長さ，3年生のときに伸びた長さに切って，グラフ用紙に貼っていきます。そうすると，1年生から4年生になるまでに自分がどんなふうに背が伸びてきたか，見てわかるグラフができるよ。
　作り方を説明するね。
〔模造紙に大きく書いたグラフ*7を掲示する〕みんなのグラフ用紙はあとで配るね。
　先生の持っている紙テープ*8を見てください。
〔模造紙に合うように拡大した，子どもたちと同じ色の紙テープを示しながら〕みんなの持っている紙テープを大きくしました。テープを見ると〔引いてある線を指し示しながら〕線が引いてあります。「あ」「い」「う」と分けてあります。
　グラフにも〔示しながら〕「あ」「い」「う」と書いてあります。
〔線にあわせて紙テープを切っていくデモンストレーション*9を，体の高い位置でよくわかるように見せながら〕こうして切って，「あ」のテープをグラフの「あ」のところへ糊でぺたっと貼っていきます。〔といって貼る〕「い」も「う」も切ってぺたっと貼ってください。〔といって「い」と「う」も貼る〕【写真③】

●写真③

「こんなふうにグラフを
つくっていくからよく
見ていてね」

　みんなの持っているテープを見てください。「あ」「い」「う」に分けて線が引いてあります。今，説明したように，テープを線のところで切って「あ」はグラフ「あ」へ，「い」はグラフの「い」，「う」はグラフの「う」へ貼ってくださいね。時間は5分。[*10]

　わからなくなった人は黒板の見本を参考にしてね。

T　では，グラフ用紙を配ります。

> 　グラフをもらったら，糊とはさみを出して作業を始めてください。[*11]

T　〔全員が作業に取りかかったことを確認してから机間指導[*12]に入る〕
C　〔多くの子どもは完成している〕
T　〔全員のグラフが出来上がっていることを確かめる〕【写真④】
T　みんなできたようですね。できたグラフだけを机の上に置いて，糊とはさみをしまいましょう。おへそをこちらに向けてください。

> 　今から先生が2つ質問します。[*13]自分の作ったグラフをよく見ていてください。「ぼく，わたしのグラフ，そうだよ」という人は手を挙げてください。〔手をぴんと挙げるジェスチャーをしてみせる〕ひとつめ，「あ」「い」「う」と3本テープが貼れているよという人。

188——付　録

●写真④

「どうかな？ グラフは
うまく貼れた？」

C 〔みんな手を挙げる〕
T みんな,「あ」「い」「う」と3本テープが貼れたんだね。〔『3本テープが貼れた』というフラッシュカードを貼る〕
　テープの長さって何だったかな？
C えーと，4年生までに背が伸びた長さ。
T そうでしたね。そのテープを「あ」と「い」と「う」に切ったのでした。
　みんな3本テープが貼れたということは，1年生のときも背が伸びて，2年生のときもまた伸びて，3年生のときも背が伸びた，毎年伸びたってことだね。〔『毎年背が伸びた』というフラッシュカードを貼る〕*14

ふたつめ，3本とも同じ長さだったよという人。

C 〔誰もいない。周りを見まわしている〕
T 「あ」のテープの長さと「い」のテープの長さと「う」のテープの長さは違うんだね。
　3本とも同じ長さだった人はいないね。〔といって『3本とも同じ長さではない』というフラッシュカードを貼る〕
　1年生のとき背の伸びた長さと2年生のときに伸びた長さも違うし，3年生のときに伸びた長さとも違うんだね。*15〔といって『⇒ 背の伸びた長さは毎年違う』というフラッシュカードを貼る〕【写真⑤】

「毎年背は伸びているけど、
伸びた長さは毎年違うんだね」

T　さっき，みんながグラフを作っている時にみんなのグラフを見ていたら，いろいろなグラフがありました。

> グループのお友だちと一緒に確かめていきます。机の上に自分のグラフを表向きにして置いてください。
> 自分と同じグラフのお友だちがいるか見つけてください。いたら，手を挙げてください。

T　〔誰も手を挙げていない〕
　　グループ内には同じ子はいない。みんな違っていたんだね。
T　そうしたら，こんどは，クラスみんなで確かめてみることにしよう。グループごとに前に出てきて，こうやって〔体の前でグラフを持って〕，高さをそろえてね…みんなに見せてほしいのです。[16]
　　じゃあ，1班から順に出てきてくださいね。
　　〔座っている子どもと一緒にグラフを観察できる位置に，立っている位置をかえる〕
C　〔1班は前に出てグラフを持つ〕
T　〔グラフの高さがそろうように援助する〕

> 自分のグラフと同じグラフを見つけてください。

"自分のと同じだ"と思うグラフを見つけた人は遠慮なく"はい"と手を挙げてください。【写真⑥】

●写真⑥
「自分と同じグラフの人はいるかな？」

T 〔1班から順に前に出させる。その都度"自分のグラフと同じグラフを見つけたよという人いる？"とたずねていく。"同じだ！"と手を挙げる子がいたらグラフを持って前に出てきてもらい，グラフを並べて見比べてみたり，実際に重ねて比べてみたりする*17〕

T 〔すべてのグループが終わったところで〕
　よく似ているグラフはあったけれど，ぴったり同じグラフはなかったね。〔『同じグラフはない』というフラッシュカードを貼る〕

C 同じだと思ったのにな。

T グラフは背の伸びた長さでした。同じグラフがなかったということは〔読み上げながらフラッシュカードを貼る〕背の伸び方はひとりひとり違うのですね。

T おへそをこちらに向けてください。
　さて，さっき黒板に作ったこのグラフは…？〔と言って模造紙のグラフを指す〕
　誰のかわかるかな？　この教室にいる人のグラフです。

C 佐藤君の？

C 誰のかな？

T では，このグラフの持ち主の人，前に出てきてください。
Y 〔教室の後ろにいた養護教諭の吉村先生がグラフの前まで出てくる〕*18
T 〔吉村先生の似顔絵パネルをグラフの左上に貼る〕
C あ，吉村先生だ！
T そのとおり！ 保健室の吉村先生のグラフです。
〔グラフの様子を順番に確認して〕吉村先生はこんなふうに背が伸びてきたのですね。
問題です。

> 　吉村先生はこのとき〔4年から5年の欄を指して〕どれぐらい伸びたでしょう。
> 〔吉村先生には結果の紙テープを持ってスタンバイしていてもらう〕
> 「う」よりも伸びが大きいと思う？ 小さいと思う？
> 〔ゆっくりと手を広げながら「う」のグラフをなぞる〕

T 〔予想のできる間をとった後に〕答えは吉村先生に貼ってもらいましょう。
Y 〔あらかじめ丸めておいた4〜5年で伸びた分の長さの紙テープを，下から少しずつ伸ばしていく〕【写真⑦】

●写真⑦

「5〜6年でこんなに伸びました」

「スゴーイ！」

C おおー〔それぞれの予想と比べながら，いろいろな反応を示す〕
Y 先生はそのあと5年生，6年生になって，小学校を卒業しました。
だからこの先もテープを貼ることができるんだよ。

貼っていくね。
〔5～6年の伸びと卒業のときまでの伸びを貼る〕
C　結構伸びているね。
T　吉村先生は中学も，もちろん高校も卒業しています。だから，このあと〔といって中学以降高校3年までのグラフを貼って〕もテープを貼ることができます。
　　吉村先生にこの後を完成させてもらいましょう。
Y　〔中学～高校の伸びのテープを貼っていく。もったいぶってゆっくりと〕
C　〔高校ではほとんど伸びていないことに，驚いたりしている〕
T　これが吉村先生の身長の伸びてきた足跡です。〔グラフを眺める時間をたっぷり取る*19〕【写真⑧】

●写真⑧
「吉村先生の身長はこんなふうに伸びてきたんだね」

C　あーあ。へー！
C　あとの方は伸びてないね。〔口々に感想をいっている〕
T　実は，もうひとつグラフを用意しました。誰のかな？
　　〔すでに貼った伸びのグラフのそれぞれ横に，少し間をあけて色の違う紙テープを*20貼っていく〕
　　〔1～3年までの3本を貼り終えたところで振り返り〕誰のだろう？
C　岩田先生？？!!
C　そうだ！　岩田先生のだ。
T　そう，これは先生のグラフです。〔自分の似顔絵パネルをグラフの右上に

貼る〕
　　この後，どんなふうになってきたか見ていてね。
　　〔4～5年の伸びを貼るときは特にゆっくりと，期待させながら〕じゃーん!!
C　あれ？　それだけ？
T　続けるよ。
C　〔一本ずつグラフが増えていくたびに，歓声をあげたりため息をもらす〕
C　〔吉村先生のグラフと異なり，中学・高校，特に高校まで伸びつづけていることに驚く〕
T　吉村先生も先生も，みんなと同じ頃，こんなふうに伸びてきました。〔グラフを指しながら確かめるようになぞる〕【写真⑨】

●写真⑨

「岩田先生はこんなふうに
伸びてきたんだよ」

　　さっき，みんなで見比べたように比べてみると……。
　　〔グラフが完成したら子どもと同じ側に立ち，グラフを見つめる〕
C　吉村先生と先生もずいぶん違うね。
T　〔グラフをじっくりと子どもたちに観察させる〕
C　吉村先生は高校へ入ったら伸びていないね。
C　先生は，高校に入ってからも伸びているね。
T　〔子どもたちに自由に感想を言わせておく〕
T　〔しばらくのち，黙ってクラスの男の子を一人自分の右側に連れてきて，一緒にみんなの方を向いて並んで立つ。この男の子は先生の4年生のときと

同じ身長，同じ体つきの子。〕*21
T　吉村先生，お願いします。
Y　〔担任と同じように女の子を自分の右側に一人連れてきて，同じように並んで立つ〕
T　気をつけしてみよう。〔男女分かれて2人ずつ並んで立つ〕
C　〔何が始まったのかわからずきょとんとしている〕
T　どうして仲良く並んでいると思う？

この子と先生の"関係"は？【写真⑩】

⬥写真⑩

「問題です。この子と
先生の関係は？」

C　ヒントは？
T　こんな感じかな？〔隣にいる子どもと同じ位の背になるようにかがんでみる〕
C　えー？　あ，ひょっとして先生は哲也くんと一緒だったとか？
C　そうか。哲也くんと一緒だったんだ。
C　〔つぶやき始める〕
T　〔自由に言わせておく〕
C　先生，哲也くんと同じくらいだったの!?
T　なかなか鋭いね。そう，先生は4年生のとき今の哲也くんと同じ身長でした。体つきも今の哲也くんとそっくりだったんだ。

哲也くん，これをつけてくれるかな。〔といって『4年生の時の岩田先生』という名札をつける〕[*22]

C へー！

C そうなんだ。

T そして吉村先生が4年生のときはね……。

Y 麻美ちゃんと同じ身長，同じような体つきだったんです。

麻美ちゃん，これをつけてくれるかな。〔といって『4年生の時の吉村先生』という名札をつける〕[*22]

先生は4年生のときこんな感じ〔といって同じくらいの高さになるようにかがむ〕でした。

T 先生と吉村先生は4年生のときこれぐらいの背の高さで，体つきもこんな〔それぞれ4年生の子の頭や体の輪郭に触れながら〕感じでした。

T 今日は，ゲストがきています。ゲストの皆さん，どうぞ入ってきてください。

G 〔名札をつけた1年生男女1名ずつが教室に入ってくる〕[*23]

C ？？？

T 男の子は先生のほうへ来てね。女の子は吉村先生のほうに行ってね。
〔それぞれ4年生の右側に導く〕
まだ，ゲストがいます。
次のゲストです。どうぞ。

G 〔名札をつけた5年生，6年生それぞれ男女1名ずつ計4名が教室に入ってくる〕

C うんー？

T 男の子たちは先生の右側へ先生，6年生，5年生，4年生，1年生となるように，順番に並んでくれるかな？
女の子たちは吉村先生の右側に同じように並んでね。〔子どもたちをうながして黒板に向かって左に1年がくるように，並ばせる〕[*24]

T 先生はこんなふうに〔1年から順に肩に手を触れながら，それぞれと同じ背の高さになるようにかがんで〕成長しました。〔1，5，6年の名札を見えるようにする〕
吉村先生はというと……。

Y　こんなふうに〔やはり子どもの肩に手をかけながらそれぞれと同じ背の高さになるようにかがんで〕成長しました。〔1, 5, 6年の名札を見えるようにする〕

T　前のみんな, きをつけをしてください。
　　こんなふうに先生と吉村先生は大きくなりました。【写真⑪】

◉写真⑪
「全員集合！　岩田先生も吉村先生もこんなふうに大きくなってきました」

T　それにしても, ずいぶん違うね。

> 身長以外で, 体つきのどんなところが違うかな？*25【写真⑫】

◉写真⑫
「身長以外で, 体つきのどんなところが違うのかな？」

T　まず「岩田先生」を比べてみてもらおうかな。

肩の広さはどうかな。
C　「1年生の時の岩田先生」は「今の岩田先生」に比べると狭いね。
C　「今の岩田先生」に近づいてくると，少しごつごつしているね。
T　昔の「岩田先生」たち，みんな右を向いてくれるかな？
G　〔右を向く〕
T　体の厚さはどうかな？
C　「今の岩田先生」に近づくほど分厚くなっているよ。
T　昔の「岩田先生」たち，ありがとう。またみんなの方におへそを向けてください。
　　　このあたり〔といってあごのあたり，首もとをさす〕を比べてみてね。
C　他の「岩田先生」にはないけど「今の岩田先生」にはひげがあるよ。
C　のども「今の岩田先生」は太くなっているね。
T　今度は「吉村先生」を比べてみてね。
　　　肩の広さはどうかな？
C　「1年生の時の吉村先生」はずいぶん細いよ。
C　「今の吉村先生」はなんだか丸い感じがする。
T　〔その都度，見比べる視点を具体的に与えていく〕
T　そうだね。たくさん違いが見つかったね。
　　　哲也くん，麻美ちゃんありがとう。〔席へ戻す〕
　　　ゲストの皆さん，ありがとう。拍手で送りましょう。
　〔ゲストの子どもたちを教室へ返す〕
T　おへそを先生のほうに向けてください。
　　　先生たちのグラフを見ると，みんなもこれから〔グラフを指しながら〕ぐんと身長が伸びる時期に入っていくようですね。
　　　では，みんなのグラフを見てごらん。4年から5年のところ，あいているでしょ。

　　　みんながこの1年でどれくらい伸びるか，予想してみましょう。[26]
　　【写真⑬】

●写真⑬

「この紙テープを配ります。
この1年でどのくらい伸び
るか予想して貼ってごらん」

T　今から紙テープを配ります。これぐらい伸びるといいなと思う長さに切ってグラフに貼りましょう。〔といって，各グループへ紙テープ*27を配る〕
C　〔平均の長さを貼る子，希望の長さを貼る子，遠慮がちな長さを貼る子など，いろいろな子がいる〕
T　〔机間指導をしながら一人一人の様子を確かめる。*28いろいろな子がいて構わない〕
T　みんな，今貼ったテープぐらい伸びるかな，どうかな。楽しみだね。
　〔少し間を置く〕
T　みんな，今度身長を測るときまで待てる？　……待てないよね。
　そう思って，先生こういうもの〔簡易身長計*29〕を用意しました。
　　ここ〔教室の入り口の柱〕にこれを貼っておくね。
　　これから，いつでもすぐに測れるからね。【写真⑭】
T　今日は1つだけ，みんなにプレゼントする言葉を用意しました。
　〔ゆっくりと大きく「思」と板書する〕
C　「おも」？
　〔指示をしなくても子どもたちが声に出して読み始める〕
T　〔ゆっくりと大きく「春」と板書する〕
C　「はる」
T　〔ゆっくりと大きく「期」と板書する〕
C　「き」！

⬅︎写真⑭

「ここでこうすると身長が測れるよ。いつでも測ってごらん」

C 「おも・はる・き」!?
C なに，それ？
C 「ししゅんき」じゃない？
T 〔少し間を置いた後〕「おもはるき」…人の名前みたいだね。
　〔ゆっくりと〕「ししゅんき」と読みます。*30

> 　みんなは今，この「思春期」と言う扉の入り口のあたりにいます。扉の前に立っているところ。もうすぐ「思春期がきたよ」って"コンコンコンコン"と合図する音が聞こえてくるはずです。
> 　みんなぐらいになると，体の中でいろいろな変化が起きてくる。「こんなことはじめてだな」っていうからだの変化が起こってきます。それは「もうすぐ思春期だよ」，「からだの中や外でいろいろな変化があるよ」，「とまどわなくてもいいんだよ」という"合図"なのです。
> 　でも，グラフの形がみんな違っていたように，みんな一斉に"合図"が聞こえてくるわけではありません。
> 　身長が急に伸びてくるのも"合図"のひとつです。そんな"合図"が聞こえてきたかなと思ったら，そっとでいいから先生に教えてください。「思春期がきたみたいだよ」ってね。*31【写真⑮】

●写真⑮

「"シシュンキ"と読みます。
もうすぐ思春期の扉をたたく
合図が聞こえるよ」

付録2〈演出ノート〉

出会い"思春期のからだ"（小学校4年生バージョン）

◆教具
- 1〜3年までの個人の伸びの長さを示した紙テープ
    → 男女とも全員同じ色で作ります。ここでは，濃いオレンジの色画用紙で幅2.5cmの紙テープを作り，個人の伸びの長さに切りました。
- 3〜4年の間の伸びを予測するための紙テープ
    → これも全員同じ色で作ります。予測の長さになるので，実際の色と区別できるように同系の薄い色を用いるとよいでしょう。ここでは，はだ色を使いました。長さは20cm程度。
- グラフを作る台紙
    → 6本貼れるようにグラフの目盛りをいれておきます。
- 黒板用の紙テープ（2色：2人分）
    → 色は，養護教諭（ゲストの先生）の分は子どもと同じ色（ここでは濃いオレンジ），授業者（担任）の分はゲストのグラフと区別のはっきりできる色（ここでは濃紺を使いました）を使います。色画用紙で幅5センチのテープを作る。伸びの長さを実寸の5倍程度で示すとよいでしょう。
- 黒板用グラフ
    → 子どもに配るグラフと同じ形式にします。ただし，1年間の伸びの欄に2本ずつテープを貼ることになるので，間隔は広めにとります。また，「小1〜小6（卒業まで）」のグラフと「中学〜高3」までとは分けて作っておきます。
- 黒板用の似顔絵（担任＋養護教諭）
- 簡易身長計
    → 紙で作ってもいいですし，裁縫用の幅の太いメジャーを代用しても

いいでしょう。
　子どもが自分の身長を測りたい時にいつでも，教室で簡単に測れる環境を作っておいてあげることが大切です。
・フラッシュカード
　→言葉での確認をするために用意してみました。
・名札
　→子どもたちが同一人物のモデルだと認識しやすくするためです。ただし，小規模校で何年生の誰がゲストに来ているか，子どもみんながわかるようなときは学年は必要ないかもしれません。

◆次下は，〈シナリオ〉(p.184〜)における「＊」印のついた番号と対応しています。

0　「育ちゆく体とわたし」(全4時間)という単元の第1時。体の成長の中で，目に見える身長を取り上げました。
　このシナリオでは，実施時期を春と想定しています。秋に実施するのであれば4年生になってから今までの伸びを，子どもに配布する紙テープに加えておくことも可能です。その場合は「え」として，貼る場所も増やしておきます。

1　担任である授業者とゲストになる教師は別の性別になるようにします。

2　あとで紙テープやグラフを子ども同士ですぐに見比べることができるようにするためです。説明をするときにはそのつど黒板の方を向いてもらいます。

3　机の上に糊やはさみが出ていると，説明している途中から始めてしまう子も出てくると考えられます。作業に取り掛かるスタートを全員同じにするためでもあります。

4 紙テープは3年間の伸びを示しています。秋に行なう場合は4年生になってから今まで伸びた分を加えることも可能です。

5 床からテープ下端にあてた手までが1年生時の身長だと知ると、テープの長さが今までの伸びであることもわかるでしょう。
普段まったくと言っていいほど考えていない「伸び」に注目させ、伸びてきているということに気づかせたいのです。

6 おへそを向けるという指示は、教師に集中させる有効な方法のひとつです。

7 グラフは小学校の部分を貼ります。高校3年生までのグラフを貼ってしまうと子どもの関心が散ってしまうことが予想されるからです。そこで2枚に分けて貼ることにしました。

8 ここで見せる紙テープは授業者の性別にかかわりなく、子どもと同じ色の紙テープを使います。デモンストレーションのデータは、ゲスト教師の伸びを使って行ないます。展開上の工夫です。
ゲスト教師は、子どもがみんな知っていて一緒に授業に参加してくれる自分とは別の性別の人にしてください。例えば養護教諭や校長先生はいかがでしょうか。担任の教師以外にも自分の成長を見守っていてくれる人がいるということは子どもにとってうれしいものです。

9 デモンストレーションをしてみせるのは、具体的な作業を行なってみせることでこれから行なう作業の見通しを持たせるためです。
またデモンストレーションの時に、「紙テープの長さは身長の伸びた長さだ」ということを子どもが忘れないように、強調して説明してください。

10 5分間と言う具体的な時間を言うことで作業への目標を設定しています。この授業のメインであるグラフを作る時間のため、全員が作業を完了できる時間を保証してあげるための指示であって、5分間である必要はありま

せん。全員ができるには，実際の時間はもう少しかかるでしょう。クラスの実態に応じて決定してください。

11　説明の後にグラフを配って糊とはさみを出させれば，子どもはすぐに作業に取り掛かることができます。これは，説明を聞く状況を作ることができ，すぐに作業に取りかかりたいという子どもの欲求も満たすことのできるひとつの方法です。

12　このときの机間巡視でしたいことは，次のとおりです。
　　①作業がわかっているかどうかの確認
　　②身長の事を気にしている子（例えば低いことを気にしているならば，伸びているのだということの確認を一緒にする）の確認
　　③クラスの子どもたちがどんなふうに成長してきたかの確認
　　　授業者にとっては，クラスのひとりひとりと会話をすることができる時間です。
　　また，早く作業が終わってしまった子どもには「グループの子とくらべっこしてごらん。自分のと同じグラフはあるかな？」と課題を出してもいいでしょう。比べるのは，似てはいても2つと同じものがないことに気づかせていくための活動の一段階です。
　　作業の遅れている子どもに対しては糊をつけるなどの援助もしてください。

13　個人のグラフを見てわかることと他者と比べたときにわかることの違いがあるので，2段階に分けました。
　　先に確認する2つのことは，自分のグラフを見て確認することができます。グラフを見ながら具体的に聞いていきます。その上で教師が言葉をかえて確認していく方が子どもにとってわかりやすいと考えられます。
　　①全員，毎年身長が伸びているということ。
　　②伸び方は毎年違うということ。
　　グラフに現れていることと，そのことの意味を確認するのに言うだけではわかりにくいのでフラッシュカードで黒板に整理してみました。

子どもに特徴をみつけさせ発表させるという方法もありますが，視点がボケてしまう恐れがあると考え，教師から視点を与えて確認する方法を取りました。

14　3本のテープの長さを比べてみて，短いものがあると「ちぢんだ」と表現する子どもが出てくると思われます。確認をする時にテープの長さは伸びであるということを子どもは忘れがちなようです。例えば，教師がかがんで「1年生のときはこれぐらい伸びました。2年生のときも伸びました」などといいながらだんだん大きくなっていくなどして丁寧に説明して欲しいと思います。

15　これもできるだけ丁寧に説明してください。

16　順番にクラスのみんなのグラフを見ていきながら，みんな違うと言うことを確認していきます。何人かの子どもを代表にするという方法もありますが，せっかく一人一人が身長の伸びの足跡のグラフを作ったのですから，クラスみんなでしっかりと確認したいものです。

17　これも子どもに問いかける時には，作ったグラフを見てわかるように具体的に聞いていきます。その上で教師が言葉をかえて確認してください。ここで確認するのは「身長の伸び方はみんなそれぞれちがう」ということです。

18　一人一人の成長をとらえていく授業なので，一人の先生を取り上げます。授業者が男性の場合，子どもが知っている女性教師であれば養護教諭でなくてもかまいません。ここでは伸びを調べるなど準備の過程で協力をしてもらい，授業に参加してもらえるのではないかと考え，養護教諭に参加してもらっています。
　また，展開上の工夫として，「誰かな？」と問いかけをしたあと「この人です」といって似顔絵を先に貼ってからゲスト教師に出てきてもらうとい

う方法もいいのではないでしょうか。

19　子どもたちはモデルの先生のグラフを見ながら、それぞれこれから自分がどんなふうに伸びていくのか考えていることでしょう。ゆっくりと時間を取ってください。

20　次は、子どもと別の色の紙テープで授業者の伸びのグラフを作っていきます。これは、二人のグラフの同じ時期を並べていくため、区別できるようにするためです。

21　あとから"先生はこんなふうに成長してきたよ"という話をするので、それぞれが教師の子ども時代の体型に似ていることが望ましいです。しかし、前に出るのを嫌がらない子、クラスみんなで認めていきたい子など、子どもの性格やクラスの状況を配慮して選んでほしいと思います。

22　同一人物の成長過程ということを常に確認できるように名札をつけてみました。

23　短時間なのでそれぞれの学年の担任に頼んで実現して欲しいと思っています。1年生は無理ならば仕方がないですが、5年生と6年生にはぜひとも参加協力をお願いしたいものです。
　　ゲストにはあらかじめ名札をつけておいてもらってください。

24　グラフと同じようにするためです。

25　発問の後、できるだけ丁寧に比べる視点を与える必要があるでしょう。

26　数字で書くという方法もありますが、①新学習指導要領では小数の学習は4年生になってから行うことになっていること、②テープを貼る方がリアルに視覚に訴えることができると考え、テープを貼る方法をとりました。

27　実際と予想の区別もでき，そして自分の成長の未来なので，同系色のテープに変えてみました。

28　教師は予想している時間に，子どもたちが自分の成長を心待ちにできるように声をかけていってほしいと思います。特に，身長について気にしている子への指導を大切にしてほしいと思います。

29　伸びたかどうかすぐにでも確かめたい子どもたちが，手軽にいつでも身長を測ることができるように簡易身長計を用意してあげるのです。子どもたちは1年間，自分と友だちの成長を見つめつづけてくれるにちがいありません。

30　「身長が伸びる」などのこれから起こってくるであろうからだの変化全般を「思春期」という言葉で表しました。
"変化が起こって当然。心配いらないよ"という先輩からのメッセージです。

31　先生をはじめ周囲の大人たちも，あなたたちの成長を見守っているのだということを伝えるためです。これから体に起こる変化のことで心配なことが出てきたとき，相談できる人がいるんだよというメッセージでもあります。

★付録1，2の初出は『岐阜大学地域科学部研究報告（第5号）』(1999年9月)

あとがき

　本書は，保健授業づくりに関する，私にとって2冊目の単著です。前著『保健授業づくり実践論』（初版発行　1997年9月10日）の"姉妹編"ということができます。
　前著の「はしがき」に，私は次のように記しました。
「誠実に教材研究に取り組んでいる保健体育教師・養護教諭と，教師になる日を夢みて教員養成課程で学んでいる"未来の教師"たちに贈ります」
　上梓してから3年。こうしたジャンルの本としては珍しく，すでに「5版」（2000年3月現在）を数えるに至っています。"誠実に教材研究に取り組んでいる"現場の教師たちが，私の期待に見事に応えて，保健授業づくりへの関心の高さを示してくださったことに，この場を借りて心からお礼を申し上げたいと思います。

　この3年間，私はこれまで以上に現場に足を運ぶ機会に恵まれました。
　と同時に，「"ふしぎなメガネ"の授業やったら，子どもたちが身を乗り出すように参加してくれました」「こんどの授業参観日には，いつかやりたいと思っていた"ライアン君"の授業をすることにしました」という手紙（最近では，Eメールも多くなっています）もいただくようになりました。
「"ふしぎなメガネ"の授業」「"ライアン君"の授業」という表現に注目してください。「性の授業」「エイズの授業」ではないのです。〈シナリオ〉という形式がもつ追試・伝達可能性がここにも示されています。
　このようにして追試実践が積み上げられ，バージョンアップがはかられていくならば，「"ふしぎなメガネ"の授業」も「"ライアン君"の授業」も，やがて"スタンダードナンバー"となっていくにちがいありません。
　本書のタイトル『〈シナリオ〉形式による保健の授業』には，そうした願いが込められているのです。

ところで，前著の最後で，私は「向こう3年間，21世紀を迎えるまで」の夢を「空想的『保健授業づくり研究』構想」と銘打って"公約"をしました。リミットまで"あと7カ月"となったいま，それを"空想"に終わらせないためにも，3年前に掲げた構想をあらためてここで確認しておきます。

> 小・中・高校のすべての学校段階にわたる"共同作品"を創りだすための研究活動をすすめる。
> 　①小学校「保健」授業ビデオシリーズ・全20巻（モデル授業＋シナリオ＋演出ノート）
> 　②「シナリオ（写真入り）＋演出ノート」集（中・高校篇）
> 作品の普及，バージョンアップを図るために，
> 　③保健授業づくりセミナー（1日講座）の全国展開。
> 　④インターネットの活用。ホームページの開設。
> 　　　　　　　　　　　　（拙著『保健授業づくり実践論』217〜218頁，要約）

　順を追って，到達点と課題をみていくことにしましょう。
　①②について。本書の「第2章」および「付録」をその原型となるものと考えていますが，「演出ノート」の様式についてはまだ確定していません（「付録」に収められている「演出ノート」は"暫定版"であることをお断りしておきます）。
　ビデオについては，デジタルビデオによって撮影したものをVHSにおとすことを考えていましたが，マルチメディア関連分野の進化を見据えて，今後はこの分野に強いスタッフの協力を得て，DVD活用（複数のビデオカメラで撮影した映像をインデックスをクリックするだけで自由に選択できるだけでなく，「見たい」部分を拡大できる）の可能性を追求していくつもりです。
　③について。今年は，愛知県蒲郡市，豊橋市がそれぞれ実行委員会を結成し，夏休みの1日を利用した「保健授業づくりセミナー」（定員40名）を計画してくださっています。午前2コマ，午後2コマの合計4コマ（1コマ50分）の"模擬授業"形式の講義（実演＋解説）で構成され，プログラム（教材）は実行委員会と私が協議して決定します。「シナリオだけでは"見えなかった"部分

が"見えて"よかった」という感想にみられるように，おおむね好評のようです。養護教諭と担任教師のペア参加も少なくありません。

　④については，一昨年（1998年4月）から，月，水，木曜日の午前10時から午後5時まで，専任のスタッフ（井土晶子さん）が外部との連絡・調整の仕事を担当してくださっています。また，ノートパソコンのおかげで，研究室と自宅だけでなく，移動中もEメールでのスムーズなやりとりが可能になりました。ホームページ開設の条件は整いつつあります。

　しかしなんといっても，このような形で続編が刊行できることが，この3年間の最大の成果といえます。11年目を迎えた「火曜研」の仲間（有賀有子さん，井土晶子さん，岩田高明さん，上野道代さん，太田英子さん，片岡美奈さん，加藤潤子さん，金森登美子さん，川出　岳さん，桐山江美子さん，小森あけみさん，坂田利弘さん，高井かおるさん，竹川里佐子さん，館林美和さん，富野順子さん，塚原百合香さん，中島文代さん，不破功二朗さん，松尾寿美代さん，山内康彦さん，山内茂樹さん，吉村佳子さん）に，まずお礼を言わせてください。そして，共に本書の完成を喜び合いたいと思います。

　最後になりましたが，本書の出版を企画し，筆の遅い私を粘り強く励まし続けてくださったのは，編集3部の加藤　順さんであり，出版に至るまでの実務は，新進気鋭の編集者である浦田健吾さんが担当してくださいました。ありがとうございました。

　　　2000年5月31日
　　　　　　（高校の保健体育教師であった父の40回目の命日）

　　　　　　　　　　　　　　　　　　　　　　　　　　近藤　真庸

[著者略歴]

近藤真庸（こんどう　まさのぶ）
　　　　　岐阜大学地域科学部助教授（健康科学教育論）
1954年　愛知県に生まれる
　　　　　東京教育大学体育学部で健康教育学を専攻
　　　　　東京都立大学大学院博士課程（教育学専攻）単位取得
1985年　中京女子大学体育学部専任講師（健康教育学）
1989年　岐阜大学教育学部助教授（学校保健）
1996年10月より現職

保健授業づくりに関するおもな著書には，
　『現代保健学習指導事典』（編著，大修館書店，1984年）
　『続「授業書」方式による保健の授業』（共著，大修館書店，1991年）
　『保健授業づくり実践論』（単著，大修館書店，1997年）
　『新版「授業書」方式による保健の授業』（共著，大修館書店，1999年）
　『小学校「授業書」方式による保健の授業』（共著，大修館書店，2002年）
　『新版 保健の授業づくり入門』（共著，大修館書店，2002年）
なお，監修・指導・出演した高等学校での授業ビデオ『健康の考え方』『自己実現』『ライフステージと健康』が，大修館書店の『保健ビデオシリーズ』のなかに収められている。

〈シナリオ〉形式による保健の授業
©Masanobu Kondo　2000

NDC375　216p　天地22cm

初版第1刷発行──2000年7月10日
　　第3刷発行──2003年3月20日
著　者──近藤真庸
発行者──鈴木一行
発行所──株式会社 大修館書店
　　　　　101-8466　東京都千代田区神田錦町3-24
　　　　　電話　販売03-3295-6231（販売部）03-3294-2358（編集部）
　　　　　出版情報　http://www.taishukan.co.jp
　　　　　振　替　00190-7-40504

装幀者──平　昌司
印刷所──広研印刷
製本所──関山製本

ISBN4-469-26451-2　　Printed in Japan

Ⓡ本書の全部または一部を無断で複写（コピー）することは，著作権法上での例外を除き禁じられています。
JASRAC 出 0005906-303

保健授業づくり実践論

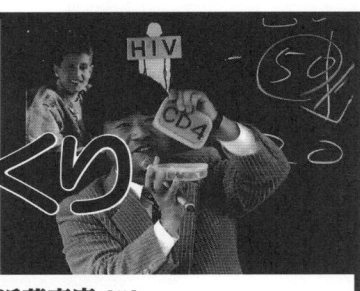

近藤真庸 [著]

授業づくりの「舞台裏」がみえてくる！

　すぐれた保健授業を豊富に開発してきたことで知られる著者が、自身の実践記録に材をとって、授業づくりのポイントを明らかにしていく。よい授業をつくるための実際的で具体的な指針としても、また、さまざまなスタイルが学べるモデル授業例集としても、その利用価値は高い。

［主な目次］
- 第1章　保健授業づくり入門－授業づくりの腕を鍛える
- 第2章　保健授業づくりへの挑戦－若い教師との「共同の授業づくり」の記録
- 第3章　"生と死"を考える授業」を創る－体験的「保健授業づくり」実践論
- 第4章　保健授業づくりの「自分史」－体験的「保健授業づくり研究」組織論

●A5判・上製・240頁　**本体2,200円**

大修館書店　書店にない場合やお急ぎの方は、直接ご注文下さい。Tel.03-5999-5434

新版「授業書」方式による保健の授業

保健教材研究会 編

新しい保健授業の道筋を示す

　本書は、中学校の保健授業を「授業書」形式でまとめたものであり、好評のうちに版を重ねてきた。今回、内容を全面的に見直し、喫煙、飲酒、薬物乱用、エイズなどの項目を新たに加え、新学習指導要領（平成11年告示）にも対応するよう改訂した。判型もこれまでより大きく、見やすくなっている。

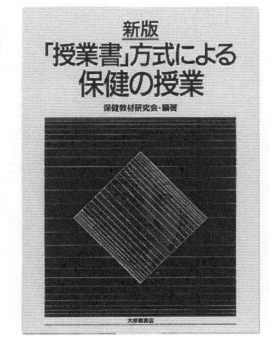

●B5判・168頁　**本体2,300円**

■主な内容
1. **からだの発達**：人間らしいからだの発達／中学生期の発育・発達の特徴／二次性徴ののあらわれ／月経と射精　ほか
2. **精神の発達と心の健康**：脳の発達とその条件／中学生期の精神の発達と自己形成／心身の相関と健康
3. **健康と環境**：体温の自動調節／適応の限界／適応の限界への挑戦／明るさの確保と騒音防止／空気条件とその調節／水の利用と確保／し尿・ゴミの処理と再利用／地球環境の保全　ほか
4. **傷害の防止**：中学生期の事故・傷害／交通事故の要因とその防止／危険を予知する能力／交通事故防止のための社会的対策／人工呼吸／応急処置
5. **病気の予防**：病気の発生要因／感染症の予防／生活習慣病の予防／病気応急処置／喫煙・飲酒・薬物と健康
6. **健康と生活**：現代生活と運動／運動の効果とその行い方／健康な食生活／疲労の発生、回復／社会が病気をつくる、社会が健康を守る／健康を求める国民の運動

補章：「性とエイズ」

大修館書店　書店にない場合やお急ぎの方は、直接ご注文ください　Tel.03-5999-5434

本体価格は2003年3月現在

新版 保健の授業づくり入門

森昭三・和唐正勝＝編著

楽しい・わかる授業づくりに！

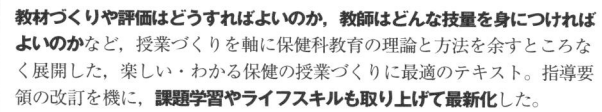

教材づくりや評価はどうすればよいのか，教師はどんな技量を身につければよいのかなど，授業づくりを軸に保健科教育の理論と方法を余すところなく展開した，楽しい・わかる保健の授業づくりに最適のテキスト。指導要領の改訂を機に，**課題学習やライフスキルも取り上げて最新化**した。

A5判・362頁　本体2,500円

【目次】
1. 保健授業の今日的課題
2. 魅力ある保健の授業像
3. 保健授業の教育内容と教材づくり
4. 保健の授業展開
5. 保健の授業研究と評価

大修館書店　書店にない場合やお急ぎの方は直接ご注文ください。TEL03-5999-5434

小学校 「授業書」方式による保健の授業

保健教材研究会 編

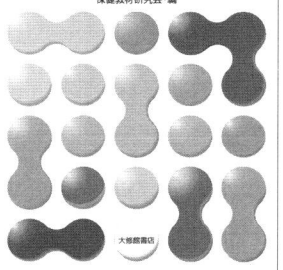

第3学年からの保健授業に対応！

「指導案＋教科書＋ノート」の性格を兼備した「授業書」による授業は，子どもにとって楽しく，また科学的認識を育てるのに最適とされている。平成14年度より実施に移される新しい学習指導要領に示された学習内容を網羅する約30編を収載。

【主要目次】
1. 毎日の生活と健康　2. 育ちゆく体とわたし　3. けがの防止
4. 心の健康　5. 病気の予防　6. 補章　付録.小学校学習指導要領解説（抜粋）

■B5判・160頁 本体2,300円

大修館書店　直接注文はお電話で。03-5999-5434　詳細を紹介しています。http://www.taishukan.co.jp

本体価格は2003年3月現在

大修館保健ビデオ シリーズ 全42巻

第2期シリーズを加え、新しい教科書の項目に対応！
授業に利用しやすい、
「本編」20分＋「解説」3分構成。

第2期刊行開始！
新学習指導要領の内容に対応した
全16巻新規制作!!

▲第2期刊行全16巻

第2期16巻 （各16,000円）

▼［新刊4巻］

私たちの健康とヘルスプロモーション
監修：星 旦二　健康的に生きるにはどうすればよいか？　わが国の健康課題、健康の捉え方、健康の成立要因などを理解すると共に、健康づくりのためのヘルスプロモーションという考え方を学ぶ。

喫煙と健康
監修：簑輪眞澄　喫煙者本人と非喫煙者への健康影響、喫煙に対する今後の対策について、個人と社会の両面から学べるように構成。さらに、喫煙をめぐる意志決定・行動選択についても学ぶ。

飲酒と健康
監修：鈴木健二　イッキ飲みの危険や飲酒の慢性影響、未成年飲酒の問題、また飲酒に対する今後の対策、および飲酒をめぐる意志決定・行動選択について学ぶ。

健康と意志決定・行動選択
監修：高橋浩之　健康に関わる意志決定・行動選択の重要性、意志決定・行動選択に影響を及ぼす要因、意志決定・行動選択のプロセスなどを、具体例に即して学ぶ。

▼［既刊3巻］
生活習慣病とその予防
エイズ・性感染症とその予防
心肺蘇生法

▼［続刊9巻］
薬物乱用の防止
感染症とその予防
心の健康とストレス対処
スポーツ場面の応急手当
妊娠と避妊
高齢者と健康
保健・医療サービスとその活用
環境と健康
食品の安全

第1期26巻 （各20,000円）

▼これまでと同様に
　お使いいただけます。

健康の考え方
保健医療の国際協力
食生と健康
運動・休養と健康
薬物乱用と健康
医薬品と健康
欲求と適応規制
大脳の働きと心身相関
自己実現
交通事故とその防止
二輪車の交通安全
ライフステージと健康
思春期と性
結婚と健康
受精・妊娠・出産の生理
母子の健康
加齢と健康
リハビリテーション
保健・医療の制度
大気汚染と健康
水質・土壌汚染と健康
自然環境とその保全
廃棄物とその処理
上・下水道とその整備
食品の安全衛生
健康な職業生活

大修館書店　〒101-8466　東京都千代田区神田錦町3-24　電話03-3294-2221　＊価格は税別（消費税が加算されます）

本体価格は2003年3月現在